保険営業"はじめの一歩"でつまずかないためのバイブル

ロープレの基本

新人を優績者に変える"40"のレッスン

Basic of role playing

Cocoro Sales LAB.

藤島幸恵 著

はじめに

まずは拙著を手に取ってくださった皆さまに、心からの感謝を申し上げます。
この本は、保険営業に関わるすべての方に「幸せ」になってほしいという願いを込めて執筆しました。
きっかけは、私のセミナーに来てくださった編集者さんとの、何気ないやりとりでした……。

編集者「藤島さん、『ロープレは一流選手の素振りのようなもの』とおっしゃっていましたが、保険業界の営業職員さんって、それほどロープレに熱心なんですか？」

藤島「私自身は当たり前のようにロープレをやっていますが、実際のところはどうなんでしょう。職場の環境や組織の考え方でだいぶ差があると思いますよ。ただ、一つ言えることは、ロープレの大切さを本当にわかっている人は、すでに優績者です」

編集者「え？　ロープレで優績者になれるんですか？　それなら皆さん、どんどんロープレをやればいいのに……。ところで、藤島さんはどうしてロープレをはじめられたのですか？」

藤島「20歳で入社した当時の私には、経験も技術も自信も、な～んにもなかったんですよ。だから、ロープレで練習してから営業に行かないと不安だったんです」

編集者「そうだったのですか……」

藤島「ロープレは、どれだけ失敗してもいいんです。本番でハイパフォーマンスを出すための練習ですから。だから、20年以上経った今でもロープレは続けているんですよ」

編集者「ということは、ロープレは保険営業にとって基本中の基本なんですね？」

藤島「そのとおり。キャリアに関係なく、ロープレする人としない人の成績の差は歴然です」

編集者「藤島さん、ロープレの本を書いてみませんか！　なぜロープレが必要か、どうしたらうまくいくのか、全国の営業職員さんに伝えましょうよ！」

『営業はつらいもの』と思い込んでいる営業職員の皆さん、『育成は大変』と感じているマネージャーの皆さん、果たして本当にそうでしょうか？　もしかしたら、努力の方向を間違えて疲弊しているだけではないでしょうか。

私は30年近く保険業界の営業現場に関わってきました。この間、努力の方向を間違えてしまった結果、本人も周りも気づかないまま、迷走し疲れ果てあきらめる……、そんな職場、管理職、営業職員の皆さんを少なからず目にしてきました。保険営業はお客さまを幸せにする仕事なのに当の本人が幸せじゃない……、それはとても残念な出来事と感じました。今はそう思っていませんが、「営業はガマン」「苦労しなければ成功できない」、そんなふうに思っていた時もあり、その時は幸せな仕事をしているとは言えませんでした。本人が「幸せ」であること……、それが周りの人たちを幸せにする最短の道です。私自身も間違えて進んでは軌道修正を繰り返す、そんな日々を過ごしながら奮闘しています。

保険営業はなぜ努力が報われないことが多いのでしょうか？

この仕事を始めた頃を振り返ってみると、世の中に今ほど情報が行き届いておらず、お客さまも画一的で、職場の指導やマニュアルにしたがって活動していれば、なんとか挙績できた時代でした。

今は時代が違います。情報があふれ、人々の生き方や考え方が多様になっていることもあり、職場の指導、マニュアル、応酬話法がお客さまの前で通用しないことが多くなってきました。『がんばっているのに成績が上がらない』のは、そのせいかもしれません。

保険営業に、「これが正しい」「これが間違い」はありません。営業職員の皆さん自身が試行錯誤を繰り返しながら智恵を育み、現場感覚や実践力を磨いていく必要があるのです。それがまさに本書のテーマ、「ロープレ」をお奨めする理由です。

本書は「ロープレ」という文脈で、多様なお客さまに臨機応変に対応するための保険営業のヒントをお伝えしようとするものです。

ロープレとは、相手（お客さま役）を言い負かすためのものではありません。自分自身（営業職員役）に気づくことで、自分らしいお客さまとの接し方や話し方を職場の仲間とともに磨いていく場です。

本書では〝ロープレの基本〟について、40項目にわたってまとめています。一項目につき3～5分程度で読み切れるように簡潔にまとめていますので、どの項からお読みいただいてもかまいません。

セルフで読んでも、グループディスカッションに使っていただいても構いません。朝礼の話材にしていただいても結構です。

本書の内容を行動レベルで発揮できれば、必ずや成果に結びつくはずです。

藤島　幸恵

contents

第4章 お客さまの心を開く話し方

contents

第1章

なぜロープレ研修が必要なのか

Lesson 1

ロープレ研修が必要な本当の理由

◉人と話す仕事なのにロープレ研修をしない不思議

皆さんの職場ではロープレ研修をしていますか？　保険会社や代理店の場合、毎日、あるいは毎週のように実施している営業拠点は意外と少ないかもしれません。先日も、ある親しいセールスパーソン（女性）と、こんなやり取りになりました。

藤島「ねえ、あなたの職場ってロープレしてる？」

友人「いいえ。全く。仲間には『やろうよ』とは言ってるんだけどね」

藤島「それでよく優績になれたね」

友人「自分で勝手にやっていたからかも。移動中の車の中では、一人で二役やりながらブツブツ話していたし、あとは娘を相手役にしたり、親しいお客さまにお願いしたり」

藤島「エライね〜。車の中では私もよくやっていたわよ。『○○さん、こんにちは！○○生命の藤島です！』のところから……。でも、管理職はなぜロープレをやらせないんだろうね？」

友人「何とかなると思ってるんじゃないかな。そもそも私は入社して10年になるけれど、ロープレ研修なんて片手で数えるくらいしかやったことがないよ」

私は彼女の話に驚きませんでした。業界の中には当たり前にロープレをする文化がある保険会社もあると聞きますが、自分が在籍していた国内生保の多くの営業拠点では、そうではなかったからです。

一方で、業績が良く、新人が育っている組織では、効果的なロープレ研修が行われているはずです。私の30年近いセールスの経験から見ても、セールスパーソンが一人前になっていく過程では、ロープレ研修の繰り返しが欠かせません。

◉自信がつくのが良いロープレ、萎縮させてしまうのが悪いロープレ

セールスパーソンが本当に自信を持って、「これでいいんだ！」とマインドセットしてお客さまのところへ向かうことができるようにする（送り出してあげる）こと――。私は、ロープレ研修の一番の目的をこう考えています。

その意味で言うと、良いロープレとは、自信がつくロープレ。その反対に、悪いロープレとは、セールスパーソンを萎縮させ、自信を失わせてしまうロープレ

です。

では、両者の違いはどこにあるのか。端的に言って、「指導する側と参加者の間に合意があるか、ないか」の違いです。

例えば、《ダメ出し9：ほめ言葉1》の割合のロープレ研修があったとしましょう。よってたかってその人のダメ出しをするわけですから、これは一見、悪いロープレのように思えます。

しかし、研修の前提に、「周りの人は本人の成功を心から願って悪い点も指摘する。本人も成長したいから厳しくても本当のことを指摘してもらいたい。でなければ意味がない」というお互いの合意と信頼関係があれば、このロープレ研修は高い効果を生むと思います。外資系生保の男性セールスパーソンの場合は、こうしたスタイルが多いのではないでしょうか。

もし、合意づくりも信頼関係もできていないのに、そんな研修をしたら、本人はボロボロに傷ついてしまうでしょう。

一方、《ほめ言葉9：ダメ出し1》の割合のロープレ研修はどうでしょう。誤解を恐れずに言えば、私は、女性の営業職員が多い組織では、こちらのスタイルのほうが合っていると感じています。気持ちのよいロープレ研修ができるでしょう。なぜなら、男性脳と女性脳の違いに加えて、主婦から営業職に就いた場合、新人のうちは男性ほどの覚悟がまだできていないことが多いからです。

◉「研修の場への合意」と「関係性の合意」を必ず取ること

大事なことなので繰り返しますが、どちらのスタイルであれ、研修に必須なのは、「場への合意」と「関係性の合意」を取ることです。

場への合意とは、

- 「自分が絶対に成功したい。トップセールスになりたい。そのためには本当のことを指摘してもらわないと困る」
- 「あなたの成功のために言いにくいことも指摘する」
- 「この場での発言はお互いに根に持たない」

という参加者の合意であり、覚悟です。

そして、関係性の合意とは、

- 「あなたに指摘されるなら厳しいダメ出しも素直に受け入れる」
- 「厳しいことを言っても、日頃の関係性から自分の気持ちや愛情は相手に伝わるはず」

という人間関係への合意であり、信頼です。

つまり、ロープレ研修をする場合には、この2つの合意がどれだけ取れているか、合意と覚悟と信頼がどれだけ強いかによって、ロープレのやり方（フィードバックの仕方）を調整していけばいいのです。

Let's Try!!

□ ロープレで「経験数」を飛躍的に増やそう。
□ 「研修の場への合意」と「関係性の合意」を必ず取ろう。
□ 自分の良い点や改善すべき点をたくさん指摘してもらおう。

Column

ほめればいいというわけじゃない

2018年のテニス全米オープンで優勝した大坂なおみ選手は、コーチをサーシャ・バイン氏に替えてから急激に強くなったと言われています。ニュースでも、試合中に彼がアドバイスする様子が盛んに紹介されていました。「日本の監督のように厳しい上下関係をつくることもなく、パワハラまがいの高圧的な指導をしない」「『大丈夫。自分を信じろ』のように優しく声をかけて選手を勇気づけている」といった話が多かったように記憶しています。

ところで、コーチが「大丈夫。自分を信じろ」と言えばすべての選手が強くなるわけではありません。そのアドバイスに至る過程で、具体的で的確なアドバイスをしてきたから信頼関係が生まれ、試合の場面では「大丈夫」の一言が力になるのです。

営業の職場（研修）では、これとは逆の、根拠のない励ましやほめ言葉が飛び交っています。「○○ちゃん、すごい良かった～。絶対大丈夫だから行っておいで」。私もこう言われて、ずいぶんムッとした経験があります。こんなアバウトで抽象的なほめ方をされても、不安は解決しません。何がダメなのかは自分が一番わかっている。本当に言ってほしいことを言われていないのです。

難しい言葉で言うと、認知・承認・肯定・勇気づけが足りない、ということになります。皆さんもロープレをするときには、

・「その○○という言い方、すごく良かった。私も真似してみようかな」
・「今の感じで話されたら、私だったら契約しちゃうな～」
・「今の実例を使った説明はわかりやすかった。心に届いたよ。私はあなたの実力と魅力を知っている。本番では、ふだんの7割でも出せれば大丈夫だよ」

といったように、具体的にどこがどう良かったのかをほめてあげてください。ほめればいいというわけではないのです。

Lesson 2

ロープレは話しすぎないために行う

◉ロープレは「上手に、滑らかに」話してはいけない

「最近うまくいかない。この間までうまくいっていたのに……どうしてかな？運が悪いのかな？」

以前、一緒にランチをした友人がそんな悩みをこぼしていました。彼女は、某銀行で窓販業務をしている20代の女性で、仮にA子さんとしておきます。

A子さんは、努力家で真面目。頭もいい。商品やＦＰの知識を一生懸命勉強していることも私は知っています。

ただし、成果が出ないのは〝運が悪い〟からではなく、努力の方向がどこかで間違っている証拠です。何とかしてあげたいと思い、詳しい話を聞いたところ、彼女の「ロープレ研修」への取り組み方に〝ボタンの掛け違い〟があるように感じました。

「うちの銀行はたくさんロープレ研修をします。大会もあって、優秀な人のロープレは普段からよく見ていますし、私も得意なほうなんだけど……」

どうやらA子さんは、昔の私と同じ勘違いをしているようです。

ロープレ研修をする目的は、「ご契約をいただけるようになるため」であって、「上手に滑らかに話せるようになるため」ではないのですが……。

これは当たり前のことですが、営業キャリアの浅い人の中には、この部分を勘違いしている人が多い印象があります。

もう少し丁寧に言えば、ロープレ研修とは、ご契約というゴールに向かって話の中味を作っていく過程で、相手のニーズをつかみ、話の段取りを組み、思いがけない返答にも的確に答えるという、セールスパーソンとしてのスキルを試行錯誤しながら磨いていくための場なのです。

相手が理解しやすいように話していくことは大事ですが、「決められたことをわかりやすく話すこと」が目的になってしまっては、結果につながらなくて当然と言えます。というより、そもそもセールストークは、滑らかに話しすぎてはいけないのです。

◉「滑らかに話しすぎないため」の台本をつくろう

その解決策の一つは、《滑らかに話しすぎないための台本》をつくることです。

発想を変えてみましょう。

やり方は簡単です。自分のセリフ（質問）の後に、

——黙る。

——相手の目を見る。

といったト書きをロープレの台本にたくさん書き加えてください。

商談では、緊張したり、入れ込み過ぎてしまうとつい早口になりがちです。しかし、台本を作る段階でこうした工夫をしておくと、実際の商談でもお客さまの話をきちんと聴き、相手に考える時間を与え、その様子を観察できるようになります。

こうしたト書きは、ある意味、セリフよりも重要ですから、職場の仲間と相談しながらよく練り上げていきましょう。

Let's Try!!

- □ ロープレの目的を確認しよう。
- □ 実際の場面に近い台本を用意しよう。
- □ 台本には「ト書き」をたくさん書き入れよう。

Lesson 3

ロープレは〝着席する前〟から始めよう

◉真剣に話を聞いていただく環境をつくることが重要

保険会社のロープレ研修では、なぜか席に着いて商品説明をするところから始める場合が多いのですが、私は着席する前の時点（自分が入室する、相手を席へ誘導するなど）から始めたほうが実戦的ではないかと思います。

なぜなら、セールスでは相手の情報が少しでも多いほうがよいですし、商談では、そこに至るまでの過程がとても大事になるからです。

例えば、積極的な気持ちで席に着いてもらうとか、セールスパーソンに対して心を開いてもらうといったことですね。

説明のスキルを磨くことよりも、話を真剣に聞いていただく環境をつくること（アポを取る、心を開いてもらうことなど）のほうが大事であることは、優績者なら当たり前に知っています。もっと言えば、セールスの成績の差は「アポの数の差」なのです。

それなのに、そこに焦点を当てた研修が少ないのですね。

だから、私が研修を行うときには、圧倒的に「お客さまの職場での声かけ」や「TELアポ」の方法を重視していますし、商談のロープレでは「家のチャイムを鳴らす場面」や「オフィスの扉を開ける場面」から始めています。

◉一人の人間としてお客さまを観察して立体的に情報を集める

さて、その点に関して、私のような訪問型のセールスパーソンが羨ましく思っているのが、来店型保険ショップや銀行窓販における商談です。お客さまのほうから来店してくれて、カウンターの上にアンケートや保険証券やお金や通帳が置いてある状況で話をすることが多いという、とても恵まれた状況で話せるからです。

もっとも、来店型セールスにも難しいところはあって、お客さまのことを何も知らない状態から「ヨーイドン」で商談を始めることが多いので、その場での会話（情報収集）がとても重要になるのです。そこで高をくくっていると、自分の欲しいものがハッキリわかっているお客さまに当たったときのように、〝誰でもまとめられる案件〟しか成約できなくなってしまいます。

来店型で安定した成果を出している人は、本題に入る前の挨拶やちょっとした前置き、軽い質問、雑談などから、一人の人間としてお客さまを観察し、立体的に情報を集め、ニーズを引き出しているにちがいありません。

だからこそ売れるし、その場で決まらなくても次回以降につなげることができる。見込み客も広がるわけです。

話を訪問型セールスに戻すと、少なくともロープレに関しては、席に着く前の場面から練習しておくと、より自然に成約できるようになるのではないでしょうか。

本当は「アポ」を取る段階から練習すべきなのですが、それは拙著『誰も教えてくれなかった営業の超基本！ アポの５原則』（ぱる出版、電子書籍版＝東洋経済新報社）に詳しく説明していますのでご覧いただければと思います。

Let's Try!!

- ☐ ロープレは「入室する前」「席に座る前」から始めよう。
- ☐ 本題に入る前の時候の挨拶や世間話、情報収集などもロープレに組み入れよう。
- ☐ ロープレは、できれば「アポ取り」から始めよう。

Lesson 4

ロープレはリアルな状況をつくらないと意味がない

◉「畳の上の水練」では本当の対応力が身につかない

私が保険会社に勤めていたときのことです。

営業のやり方を教えてあげていた後輩たちに、「職域に行く前に《アポ取りロープレ》をしてね」と伝えたら、「はい」と言って、机に座ったまま、対面でやり始めたので驚いたことがあります。なぜかというと、職域活動というのは、訪問先の会社の廊下やロビーで声をかけ、立ち話をしながらアポ取りをするのが一般的だからです。しかも数分のうちに、です。

これは、かなり高度なスキルです。たった今会ったばかりの方にアポを取るわけですから、例えば、カバンの中から何かを取り出そうとして「えーと、え～と」などと、ちょっとでもモタつけば、相手はすぐに立ち去ってしまいます。

ですから、この場合のロープレは、バッグを肩にかけて、バインダーとスケジュールを手に持ち、名刺をポケットに入れて、立ったまま行うべきなのです。実際の営業現場に行ったとき、《どんな順番で何を出すか?》といった立ち回りも身につけられるからです。

ＴＥＬアポのロープレでも似たようなことがあります。ロープレをするときに、対面して電話していませんか？　電話と同じ状況をつくってください。

例えば、椅子を背中合わせにして表情が見えないようにする、あるいは、内線電話を使ってお互いを別の部屋にする（オフィスの端と端に離れる）という状況でロープレをしてください。

水泳の練習を畳や床の上でしているのに、「スキルを身につけた」と勘違いしている人のことを、多くの人は笑うでしょう。でも、セールスの世界でも、「畳の上の水練」と同じことが行われていることが少なくありません。

職域でのお客さまとの立ち話でも、ＴＥＬアポでも、落ち着いて話せる状況でロープレをしても効果は高くありません。ロープレでは、できるだけ本番と同じ状況をつくり、疑似体験をたくさん積むようにしましょう。

Let's Try!!

- □ ロープレは営業現場の状況に合わせたシーンで行おう。
- □ 職域での立ち話でも臨機応変に対処できるよう練習しよう。
- □ ＴＥＬアポのロープレは内線電話などを使って離れた位置で行おう。

Lesson 5

手本を見るだけのロープレは効果が薄い

◉下手だからこそ自分が何度も演じなければ上達しない

以前、ある会社の営業研修にうかがったときのことです。

そこで一番成績の良い人が前に出て、皆にロープレを披露しました。私は、その後で全員がロープレをするのかなと待っていたら、盛大な拍手をして研修が終わってしまったのです。拍子抜けしました。

これでは、できない人はいつまで経ってもできないままでしょう。ロープレは、成果の出ていない人ほど、何度も繰り返して皆の前でやるべきなのです。

もちろん、経験に裏打ちされた完成形（見本）を見ておくことも大切です。しかし、見たところでどうせ同じようにはできません。それは、その人が長年かけて試行錯誤を繰り返しながら作り上げたスタイルであり、すぐにまねができたら、皆がトップセールスパーソンになれてしまいます。

だから私は「ロープレを見せてください」と頼まれたときには、こう答えています。

「他人のロープレを見ても効果は薄いですよ。ご契約をいただきたいなら、下手でも自分が何度もやらなければ……。時間の許す限り練習につきあってあげるから、今、ここでやってみてごらんよ」

もう一つ例を挙げましょう。私が行きつけの美容室では、新人スタッフの方が毎晩夜遅くまでマネキンの髪の毛をカットしています。カットもパーマも、たくさん経験することでしか上達できないからです。

先輩スタッフの方に話をうかがうと、新人にカットを見せるだけのような指導はほとんどしないそうです。自分たちが努力の賜物として身につけた熟練の技を新人に見せても、どうせできるわけがない。だから、ひたすら経験を積ませるのですね。

◉「日本語だから何とかなる」と高をくくってはいませんか

何事においても経験を積まなければ上達しないことは、誰もがわかっています。しかし、不思議なことに、なぜか保険営業の世界では《先輩のロープレを見て終了》ということが多々あるのです。

なぜでしょう？　私が思うに、日本語を《話す》という行為を子どもの頃から当たり前にこなしてきたためか、あとは見よう見まねで何とかなると考えているのでしょう。「やり方は教えたから、あとは自分で練習すれば話せるでしょ？」というわけです。

試行錯誤を繰り返してきた一部のトップセールスパーソンと指導者たちは、ビジネスで《話す》ことがいかに難しいか身をもってわかっています。内容さえ把握しておけば何とかなると思ったら大間違い。ビジネスの商談を、日常のコミュニケーションと同じレベルで捉えている人は、上のランクに行くことはできません。

読者の皆さんは、お客さまと対峙する前に、どのくらい準備をしていらっしゃいますか？

私は普通の人よりは少しだけデキるとは思いますが、保険業界全体では大したセールスパーソンではありません。その私でさえ、新しいセールストークをマスターするときや研修講師をするときには、作った研修資料を少なくとも数十回は本番と同じ時間割で練習しています。話すことの難しさを知っていたら、何度も練習せずにはいられないと思うのです。

しかも私は、誰かにセールストークを教わるときには、見本を見せてもらって終わりにはしません。相手の時間が許す限り、私が同じようにやってみるのを見てもらいます（だから、自分も見てあげる）。

そのうえで、「ここをこう直したほうがいいよ」とか「ここは藤島さんらしく表現を変えたほうがいいよ」といったフィードバックをもらうのです。ご迷惑だとは思うのですが、皆さん快く練習につき合ってくださいます。

読者の皆さんも、ロープレ研修では積極的に自分がセールスパーソン役を務めましょう。そして、個人的に教わるときには、そのやり方を聞くだけではなく、自分の演じるところを見てもらいましょう。

Let's Try!!

- □ セールスで《話す》ことの難しさを知ろう。
- □ ロープレ研修では必ず自分も演じるようにしよう。
- □ 見本を見せてもらったら必ず自分でも実演して悪い部分を直してもらおう。

Column

活動の目的は“お客さま本位”

ロープレ研修の最終的なゴールは、もちろん、ご契約をいただくことですが、「台本（スクリプト）通りによどみなく説明できるようになろう」とか、「説得するスキルを高めよう」とか、「成績をもっと上げたい」といった自分側の理由や目的が強い場合、そこでは、目の前にいるお客さまが“置いてきぼり”になってしまいます。

それでも、明確なニーズのあるお客さま、つまり、誰が相手をしても売れるお客さまになら売れるかもしれませんが、現実はそんなお客さまばかりではありません。

常に相手の理由や目的、気持ちを考えているセールスパーソンと、自分本位の仕事をするセールスパーソンの間に、成績や安定感に差があるのは当然なのです。

もし、あなたが自分本位の活動をしているセールスパーソンならば、本書を読み進むうちに、『私はすべて逆をやっていた！』と驚くことになるでしょう。

大事なのはそこからです。視点を変えるのは、今からでも遅くはありません。今まで真面目に仕事をしてきたあなたが、視点を変え、行動を変えることができれば、すぐに成果を出すことができるはずです。一緒にがんばっていきましょう。

第2章

本題に入る前に
お客さまの心をつかむ

Lesson 6

話の内容よりも大切なこと

◉話をする前から勝負に負けている人

ある建設会社の若手社員と雑談していたときに、こんなことを言われました。

「うちの上司のこと、どう思います？　いまどきダブルスーツにセカンドバッグって、ありえなくないですか？　なんつーか、ダサいっすよね。俺だったら、絶対あんな格好で外歩けないっすよ」

ダブルスーツファンの方、申し訳ございません。これはあくまで彼の主観です……。

自分の上司を「格好悪い」とけなす彼はといえば、スリムスーツにとんがり靴、ツンツンした髪型の青年です。

合コンではそれなりにモテるのかもしれません。しかし、彼は大きな勘違いをしています。彼が働いている部署は、土木建築系の中小企業との取引がメインなのです。

営業現場では、相手に安心感を与え、信頼関係を築きやすい身なりや服装であることが重要です。対面営業におけるイメージ作りでは、自分がどうしたいかではなく、相手がどう思うかを最優先に考えるべきなのです。

ダサいと言われてしまった中年の上司も、自分の好みでその服装をチョイスしているわけではありません。その上司は、実は私のお客さまです。後で話を聞いてみたところ、やはり最初は相手に合わせるためにダブルを着たとのこと。ところが、着ているうちに楽で手放せなくなってしまった――というのが真相のようです。

こんな配慮は当たり前なのですが、できているかと言えばそうでもないのです。私が研修講師として呼ばれた営業拠点（全員が女性）では、主な客層はビジネスマンなのに、多くの人が普段着のような格好をしていました。そこで次の日から服装を変えてもらったところ、数ヵ月後には成績が上がったのです。

Let's Try!!

- □ 身だしなみが自分のマーケットと合っているかを確認しよう。
- □ 自分が着たい服ではなく、お客さまがどう思うかを考えよう。
- □ 「安心感」と「信頼感」をキーワードに自分を演出しよう。

Lesson 7

世間話は〝目の前にあるもの〟を題材にする

◉世間話はできなければ無理にしなくてもいい

以前、ある保険セールスパーソンに「保険の話はできるけれど、世間話が苦手で、何を話してよいのかわからない」と相談されました。

気持ちはよくわかります。私も新人の頃は、世間話ができなくて、相手とうち解けられないまま話を始めてうまくいかなかったことを思い出すからです。

特に「導入部分の世間話ができない」という悩みを持つ人は多いと思います。

実はこれ、意外と難しいのです。だから世間話をしなくても本題に入れるのなら、そのほうがいいと思います。

そもそも、なぜ世間話が必要なのでしょう？　和んでもらうため？　「世間話が苦手」という人は、無理に何か関係ないことを話さなくてはいけないと思い込んでいるような気がします。新人の頃の私もそうでした。決まりきった天気や時事の話や「そのネクタイ、素敵ですね」なんて言葉は、次の展開につなぎづらく、時にわざとらしくなっていたと思います。

また、ワールドカップやオリンピックなどのスポーツの話題も、誰もが興味を持っているとは限りません。個人による温度差はかなり大きいと思います。では、どうしたらよいのでしょう？　世間話を外さないために大事なのは、経済やスポーツなど誰でも知っているであろう話題を振るのではなく、目の前のお客さまが興味を持っている話をすることです。

◉ロープレ研修やプライベートの会話でも世間話の練習をしてみる

ここでは、私が心掛けていた《世間話のトレーニング》をご紹介しましょう。

初めてお会いする方や、初めてのお宅に伺った時に、まず周りを見渡して目についたものについて質問してみてください。

例えば、お客さまのご自宅に伺った場合――。

「（写真立てを見て）可愛いですね。お子さんですか？」

あるいは、「手の込んだパッチワークですね。お作りになったのですか？」

といったことをどんどん言葉にしてみるのです。

わざわざ飾ってあるほどなのですし、もし本人が好きであれば、それに触れてさしあげれば話も弾むはずです。

また、商談以外でも、家族や職場の仲間、友人と話すときには意識して同じことをやってみてください。例えば、こんな感じです。

「あれ、髪切った？」

「そうなの、暑いから思い切って短くしちゃった」

「いいね、前より小顔に見えるね」

仲間や友人ならば、初対面のお客さまと違って心の垣根がないぶん、より反応がよく、喜んでもらえるので、世間話のトレーニングには最適です。あなたの人気も上がるので一石二鳥です（笑）。

世間話は、こちらがネタを一方的に披露するのではなく、お客さまと会話をすることが本来の目的です。困ったときには、目の前のものについて質問する習慣を身につけておくとよいでしょう。

もちろん、ロープレ研修でも、世間話をする場面から始めてください。

Let's Try!!

- □ ロープレ研修ではアイスブレイクのための世間話も練習しよう。
- □ プライベートでできないことは仕事でもできない。普段から世間話を練習しよう。
- □ それでも苦手なら、お客さまとの心の距離を縮めるための別の方法を考えよう。

Lesson 8

自信をつけたければ一つの事に精通する

◉広く浅い知識よりも誰よりも詳しい知識のほうが役に立つ

お客さまとの会話をお互いに実りあるものにするためには、その中で、相手の価値観や本当に欲している情報を知ることが重要です。

しかし、それらを短時間のうちに知るには、専門的な話に偏っていてはダメで、アイスブレイクのためのフランクな会話も必要になります。

それでは、お客さまと楽しく深い世間話をするための工夫を紹介しましょう。

お客さまと楽しく深い世間話ができるようになるには、広く浅い知識を持っているよりも、「どんなことでもいいから、何か一つのことに精通し、周りの誰よりも詳しくなること」が大切です。そうするとよい理由は、三つあります。

一つ目は、広く深い知識をすぐに身につけるのは難しいこと。

二つ目は、お客さまが、ある事柄に強い興味を持っていたときに、あなたがその話題についてもっと詳しければ、お客さまからの信頼と尊敬、親近感がより深くなるから。

三つ目は、何か一つのことに精通すれば、セルフイメージ（自己評価）が高くなるので、自分に自信が持てるからです。

例えば、私の所属する会社には、「年金のオーソリティ」と呼ばれる入社1年目のセールスパーソンがいました。彼女は、どちらかというと目立たないタイプでしたが、上司が質問をするほど年金に詳しく、もちろん個人年金保険の営業成績は、所属部署でナンバーワンでした。

当時、本人はこう話していました。

「保険営業の仕事に就いたのは初めてで、しかも、自分には人を惹きつける話術もカリスマ性もありません。主力商品をどんどん売れる人はすごいけれど、自分はそんなには売れない。だから、一生懸命に年金の勉強をしました」

彼女によると、ある時、近所の主婦に年金の仕組みを教えてあげたらとても喜んでくれて、その主婦の方が後日、友だちを集めて勉強会を企画してくれたのだそうです。

それ以来、他人の役に立つことの喜びや、認められる嬉しさを感じて、「年金で一番になろう」と決意し、それまでよりも勉強をしてたくさんの人に会うようになったのだとか。

「年金」以外にも、「医療」や「介護」の知識や体験談などの貴重な情報は、お客さまにたいへん喜ばれるでしょう。

◉一つの商品における成功の積み重ねが自信と実力を育てる

ただし、その人は個人年金保険ばかり売っていたのではありません。個人年金保険の営業成績で一番になると、苦手だった主力商品もトップクラスの成績になりました。

一つの商品における成功体験の積み重ねが、自信と実力を育てたのです。

そういえば、顧客の大半がアッパー層である有名海外ブランドのスタッフの中途採用条件にかなう人とは、接客の経験者ではなく、「何かの分野で成功した人や一番だった経験のある人」だと聞いたことがあります。その理由も、おそらく前に述べたことと同じでしょう。

何か一つのことに詳しくなれば自信がつきます。自信がつけば態度や会話にも余裕が生まれます。そうなれば「世間話が……」と悩むこともなくなっていくはずです。

Let's Try!!

- □ 何か一つの専門知識に絞って、同僚に質問されるくらいに勉強してみよう。
- □ 何を勉強すれば一番仕事がしやすくなるかは、売れている先輩に尋ねよう。
- □ 担当している市場のお客さまが何を知りたがっているかを考えよう。

Lesson 9

マイ・プロフィールを使って親しくなる

◉世間話が苦手なら自分からきっかけをつくる

世間話が苦手な方でも、会話を弾ませて、心の距離を縮める方法はあります。例えば、私は、お客さまにお見せする「マイ・プロフィール」を使っています。これを会話のきっかけに使うのです。

書いてある中身は、例えば、次のとおりです。

・氏名・生年月日（19○○年○月○日生まれ）
・趣味や好きな事柄
・生まれてからこれまでの簡単な年表
・一言PR
・写真
・コメント欄

私の場合、「マイ・プロフィール」のおかげで、お客さまとすぐに仲良くなれることが多いのですが、ではここで問題です。

セールスパーソン（私）が、「マイ・プロフィール」を使う理由は、なんでしょうか？ 次の4つの選択肢を重要と思われる順に並べてください。

①自分をアピールするため
②自分を深く知ってもらうため
③相手に安心してもらうため
④相手のことをよく知るため

◉「マイ・プロフィール」は〝相手を知るため〟に使う

ちなみに、知人のセールスパーソンのAさんは、イの一番に自信を持って「②」を挙げました。Aさんは、「相手が主役」というロジックをまだわかっていないようです。

解説しましょう。

まず、この回答は大きく二つのグループに分かれます。

- ①と②のグループ
- ③と④のグループ

の二つです。

ご自身のマイ・プロフィールを作ってみましょう！ 私の場合、「趣味や好きな事柄」について、できるだけ多く書くようにしています。

私としては、少なくとも③と④のどちらかを最初に選んでほしいところです。なぜなら、①と②のグループは、自分本位で、自分が主役、押しつけになっているのに対して、③と④のグループは、相手が主役で、相手を知ろうとしているからです。そして、問題の正解は「④③②①」でした。

Ａさんにそのことを伝えると、驚いて、頭の上に「？」が浮かんでいるのがわかりました。

無理もありません。「マイ・プロフィール」自体は、自己ＰＲそのものなのですから！

では、なぜ自分の「マイ・プロフィール」を出すことがお客さまを知ることになるのでしょうか？　次のレッスンで考えてみることにしましょう。

Let's Try!!

- □ 世間話が苦手なら小道具の力に頼ろう。
- □ マイ・プロフィールを使ってロープレをしよう。
- □ マイ・プロフィールでなぜお客さまを知ることができるのか？　その理由を考えてみよう。

プロフィール以外のユニークな小道具として、Ａ４サイズの大きな電卓を使ったり、スマホではなくガラケーなどを使って、お客さまとの会話が弾んだことがあります。

Lesson 10

親友レベルまで一気に親しくなる方法

◉「マイ・プロフィール」を使う理由がわかると〝仕事の質〟が変わる

前項の解説をする前に、ヒントになるエピソードをご紹介しましょう。

以前、プライベートでこんなことがありました。

友人に紹介されて初めてお会いしたBさん（男性）という方がいます。Bさんは人見知りの強い方で、営業職の私でもなかなか打ち解けられません。彼が共通の友人ばかり見て話すので、一緒にテーブルを囲んでいる私は、少し残念な気持ちでした。

ところが、私が何気なく「マイ・プロフィール」を見せたところから、その場の空気が一転したのです。

じーっと趣味の欄を見ていたBさんが、「藤島さんは、○○がお好きなんですか？」と、身を乗り出すように聞いてきたのでした。

私もうれしくなって、「そうなんですよ〜。実はですね……！」と、そこからは友人そっちのけでその話題でひとしきり盛り上がり、最後には「こんなことは普段は話したことがないよ」という貴重なコメントまで聞かせていただくことができました。

それは歴史好きの人でも、わかる人にしかわからない、かなりニッチな話題だったので、余計に盛り上がったわけです。

人間は、相手との共通点を見つけると、とても親近感を持ちます。

偶然、初対面の相手と生まれ故郷や出身校や趣味が一緒だっただけで、〝いい人〟や〝優秀な人〟に見えてしまうことは、皆さんも経験されているでしょう。

また、急速に仲良くなるときというのは、前述のエピソードのように、ものすごく狭いところの共通点を見つけたときだったりするのです。

◉自分との共通点をお客さまに探してもらう

つまり、初対面の人と仲良くなるには、会話を始めてからどれだけ早く共通点を見つけることができるかが重要なのです。ただし、だからといって、会って早々にお客さまの個人情報を根掘り葉掘り尋ねるのは、任意取調べみたいで、逆に、お客さまに不信感を与えてしまいます。

人間の心理として、誰かの紹介で会ったとしても、知らない相手のことは多か

例えば「ネットトレード」「アリの観察（!?）」など自分が極めようとしているものや好きでしかたがないものをプロフィールに書いてみるといいですよ！

れ少なかれ警戒しているからです。

それならば……、と自分のことをどんどん話して安心してもらいつつ、お互いの共通点を見つけようと思っても、その話題がヒットする確率は低いですし、あったとしても見つけ出すまでに時間がかかりすぎます。

しかも、自分のことばかりペラペラ話し始めてアピールしてくるセールスパーソンには、誰も好感を持ちません。……なかなか難しいですね。

そこで、セールスパーソンにとって悩ましいこれらの問題を解決してくれるのが、「マイ・プロフィール」なのです。

つまり、お客さまに共通点を探してもらうために「マイ・プロフィール」をお見せするわけです。

Let's Try!!

- □ お客さまに共通点を見つけてもらうため、プロフィールはできるだけ幅広く表現しよう。
- □ できるだけニッチな（狭い）趣味の話題も記しておこう。
- □ ウソ（本当は興味のない話題）は書かない。趣味を増やす努力をしよう。

Lesson 11

栄光のプロフィールをお客さまのために使う

◉自分の付加価値を上げるための「マイ・プロフィール」の使い方

ところで、セールスパーソンのつくる「マイ・プロフィール」というと、「自分の付加価値の高さをお客さまにアピールするためのもの」という印象が強いと思います。

自分の口で語るといやらしくなることも、事実として書類に書いてあれば無理なくお客さまに伝えられます。そのため、人によっては完全に自己アピールのための「マイ・プロフィール」を使っている人もいます。実際に、これでもかというくらいに自分の栄光の歴史（高い学歴、スポーツでの活躍ぶり、前職時代の成績、現職での表彰歴など）を書いている人もいます。

これは男性のセールスパーソンに多い印象があるのですが、はっきり申し上げて、私がお客さまの立場なら、まだ特別親しくもない人の、そんな経歴には興味がわかないのが正直なところです（あくまで私の場合は、です。ごめんなさい）。

とはいえ、こうした自己アピールは、セールスパーソンとしては一定の効果があることも事実です。

特に保険などの金融商品は、目に見える形で品物がありません。そういう商品の場合、お客さまの中には、「どうせなら優秀で、他人に誇れるようなセールスパーソンから買いたい」という意識の方が一定数いらっしゃるのです。

そのセールスパーソンを誰か知人に紹介する場合も同じです。自分の担当者が優秀であることをうれしく感じる人もいらっしゃいます。

ただし、ここからが大事なのですが、自己アピール型の「マイ・プロフィール」を使って成功しているセールスパーソンは、実は、自分をアピールする以上に、お客さまのことを知りたいと思っています。そこを勘違いしないで活用してください ね。

Let's Try!!

- □ 自分の付加価値をマイ・プロフィールに表現してみよう。
- □ 自分の理想のお客さまにとって、どんな内容ならふさわしいかを考えよう。
- □ マイ・プロフィールはお客さまのことを知るために使うことを忘れずに。

Lesson 12

知識と情報を身につけるのが一番簡単

◉すべては〝自分の現状への気づき〟から始まる

ロープレの技術を語る前に、基本的なことを確認しておこうと思います。

ある保険会社の2年目~5年目の方々を対象にした、営業研修（月1回）の講師を担当したときのことです。研修導入時、自信がなさそうに下を向いていた参加者たちが、たった6ヵ月で見違えるようにキラキラ輝きだしたのです。

彼らが急速に変わったのは、現状に気づき、知識と情報を身につけたからでした。

研修を始めた当初、彼らのほとんどは毎日がただ過ぎていくような「行き当たりばったりの仕事」をし、自分が何をしているのかも、よくわからないような状態でした。

そこで私が最初に行ったのは、3ヵ月間は基本的な活動の立て直しをすることです。アポと自己管理の研修の中で、「現状に気づくことが大切です」と何度も繰り返しました。

しかし、彼らは、自分の現状を知ること、知られることを嫌がりました。なぜなら、そこに真剣に向き合ってしまうと、セールスパーソンとして「やることのない自分」に気づいてしまうからです。

- 今、アポがないことに気づく
- 今、スケジュールが真っ白なことに気づく

これはセールスパーソンにとっては一大事であり、とても怖いことです。だから、他人のせいにしたり、仕事をしているふりをして、重大な事実にフタをしておきたがる……。その気持ちもわかります。

しかし、今アポがないからといって悲観せず、自分を責めることはありません。「今、気づけて良かった！」と思えばいいのです。だって、気づいたら次に何をするのかを考えることができるのですから。

逆に気づかなければ、いつまでも誤魔化して自分を責める材料を残してしまいます。

大丈夫。今週のスケジュールが真っ白でも、今気づけば今から行動に移せます。そうしたら来週のスケジュールが埋まっていくじゃないですか！

――と、こんな話をしていくことで、研修に参加した皆さんは気づくことの大

切さを知り、現状から目を背けなくなりました。そして、今まで何度言われてもやらなかった「スケジュール管理」を自分から取り組み始めたのです。

◉経験の少ない新人でも短期間で自信をつける方法

さて、現状に気づくことができるようになったら、次は知識・情報武装です。なぜ知識なのか？「人間性を高めろ！」とか、「仕事の価値や意義、使命感を持て！」と言われても、急にできることではありませんし、ましてや、成功体験もないのに「自信を持ちなさい」と言われても困ってしまいます。

そのときに、短期間のうちに自分の努力で何とかなるのが、「知識と情報」を身につけることなのです。

ですから、受講した皆さんが自信を持ってお客さまと関われるように、次の3ヵ月間は、知識と情報のインプットとロープレを繰り返していきました。

知識を自分のものとして学ぶことで、たった2～3ヵ月で、人はこんなにも変わるのか！　と講師の私自身も驚くほどでした。契約がいただけなくて苦しんでいたはずの参加者たちの感想文には、「この知識を活用したい」「多くの方にお知らせして喜んでいただきたい」「もし、契約につながらなくても、きっとお役に立てる」といった言葉が溢れていました。

ところで、私が先ほど「すぐに身につくのが知識と情報」と言いながら、最初の3ヵ月は「現状に気づくための内容」に専念したのは、人間は外圧（他人からの命令や指示、説得など）では変わらないからです。

参加者たちは、自分の現状に気づいたからこそ、「知識を吸収したい」という強い気持ちと、高い集中力を持つことができました。そして、学ぶことで新しい知識を得て、それを自分自身で納得できたことが自信につながりました。

もし読者の皆さんの中に、現在、自分に自信がない方がいらっしゃったら、まず自分の現状にしっかり向き合うこと、そして、そのうえで知識と情報を身につけることをお勧めします。この順番を間違えると、自分の変革はできません。

Let's Try!!

□ アポがどれだけ入っているか？　という自分の現状を認識しよう。

□ 新人でも自分の努力で何とかなるのは知識の獲得であることを理解しよう。

□ 人は2、3ヵ月あれば大きく変わることができる事実を信じよう。

Lesson 13

知識を磨くには他人に教えるのが一番

◉学ぶだけでは〝現場で使える知識〟にならない

私は以前から、知識量を高めるための投資（お金と時間）を惜しまず、研修や講座に積極的に参加するようにしてきました。

子育てもありましたから、保育園に通っているときには夕方6時には迎えに行かなくてはいけませんでしたし、休日もできるだけ子どものそばにいるようにしました。しかし、それでも保険会社に所属していた時代は、月に1、2回は社外の研修に参加していました。社外の仲間と自主的に運営している勉強会なども含めれば、月に20時間くらいは、自分のお金と時間を学びに費やしていたと思います。

また、会社からの独立を考え始めた頃から現在までは、子どもが成長したこともあって、もっと勉強時間を増やしています。

その一方で、私は教える側の役目（社内研修の講師やマニュアルづくり）も積極的に引き受けてきました。それが高じて、というか、ご評価いただいたことで自信がつき、現在に至るわけです。

私の経験から言っても、自分が身につけてきた知識やスキルをさらに磨いていくには、他人に教えることが一番です。

塾の先生をしている友人も、こう言っています。

「聞く側は一回、二回でも、教える側はそれを日常的に繰り返すことになる。また、当たり前に思っていたことでも、丁寧に教え、質問に答えてみると、自分が何をわかっていて、何をわかっていなかったかが露わになる。わかりやすく教えるためには、自分のほうが圧倒的に知っていなければいけない。だから、実は教える自分のほうが勉強になるんだよ」

まさにその通りです。

Let's Try!!

- □ 自分が勉強した知識、聞いた情報は、どんどん他人に話してみよう。
- □ 仲間内で勉強会を開いてみよう。そして講師役を引き受けよう。
- □ あなたの持っているノウハウや考え方を後輩に積極的に教えよう。

私の場合、コーチング（米国CTI認定）やカウンセリング（日本メンタルヘルス協会）など、保険営業以外の勉強にも積極的に取り組みました。

Column

身体を鍛えると仕事もうまくいく！

営業管理職の知人に久しぶりに会ったときのことです。

彼は、20年以上前と変わらぬ体型でした。いえ、若い頃よりもずっと筋肉質で格好良く、イキイキと輝き、スーツの似合う「細マッチョ」になっていました。

その姿があまりに衝撃的だったので、「何か運動をしているの？」と聞くと、《仕事のデキル男は、毎日筋トレをする》みたいな本を読んでから、数年間、一日も休まずに筋トレを続けているというのです。

興味深かったのは、彼が「不思議なことに、筋トレを始めてから仕事が本当にうまくいくようになった」とも言っていたことです。

彼の話を聞いて、私は営業の基本を思い出しました。毎日同じことをやり続けるというのは、実はすごく大変なことで、それが営業の基本なのです。

これは営業でなくても同じです。誰もが途中で止めてしまう中で、当たり前のことをやり続けられる人だけが成功します。

ですから、筋トレじゃなく、トイレ掃除でもいい。同じことを習慣化して、やり続けたことに意味があるのでしょう。

本来しなくてはいけないこと（新人なら必ずやるように教わること）や、自分で「やろう！」と決めたことがあるのに、キャリアを重ねるにつれていろいろな理屈をつけてサボっていることはありませんか？

また、毎日やろうと決めていることがなければ、この機に決めてみましょう。とはいえ、筋トレは、体力がついて、粘りがきくようになるからすごくいい方法だと思います。男性の方は、憧れの「細マッチョ」とトップセールスの両方の座を手に入れるため、筋トレを試してみてはいかがでしょうか（笑）。

第3章

説明がお客さまの心に届かない理由

Lesson 14

〝アナウンサー〟になってはいけない

◉滑らかすぎるトークはお客さまの心に残らない

以前、私の勤務する生命保険会社に、他業界のコールセンターでトップクラスだった女性が営業職として転職してきました。仮にBさんとしましょう。

Bさんは、初めて読むスクリプト（台本）でも、すぐに達者なロープレのできる人でした。あまりにも見事なロープレだったので、同僚たちはBさんを「さすがセンスがある！」と絶賛していましたが、私には少し違和感がありました。

なぜなら、彼女のトークは、あまりにも滑らかすぎて心地よいため、言葉が右から左に抜けていったからです。まるでニュース原稿を読むアナウンサーのようでした。

お客さまの立場になって聴いてみると、営業職にとってそのことが必ずしも長所とは言えないことがわかります。

話している言葉はよくわかるけれど、心に残らないし、こちらがじっくり考える隙もないので、「買いたい（契約したい）」と思うところまでいかないのです。

だから、私はBさんに、その理由も含めてこうアドバイスしていました。

「営業は上手に話しすぎちゃダメなんだよ」

ダメな理由はまだあります。人間というのは、相手があまりにもそつなく話すと、なんだかだまされている気がするのです。

◉少したどたどしいくらいがちょうどいい

セールスパーソンの口調は、少したどたどしいくらいのほうが、お客さまに話すチャンスや考える暇を作ってあげられます。自分の説明を聞かせるのではなく、相手の話を聞きましょう。

ちなみに、これは私も新人の頃に上司から何度もアドバイスを受けたことです。

当時は、お客さまに何を話していいかがわからず、商品説明を端から端までしていました。お客さまに適した保険商品だとわかってほしいから一生懸命に話しまくり、なおかつ、沈黙が怖いから畳み掛けるように話してしまう……という悪循環です。

皆さんが読んでいるセールストークマニュアルには、疑問形のセリフが多く取り入れられてはいなかったでしょうか？　私が教わったマニュアルもそうでした。それなのに、いざ現場に出ると焦って自分の話ばかりしてしまうのです。

結局、お客さまの「考えておきます」で商談は終了。次回のアポも取れないというわけです。

さて、商談のときに「アナウンサー」にならないようにする方法ですが、自分のセリフ（質問）の後に、

「ここまででわからないことはありますか？」

「ご質問はありますか？」

といった質問を、要所要所に意識的に挟み込むようにするとよいでしょう。

強制的に、立ち止まるポイントをつくっておくのです。

ロープレでは、よどみなさ、滑らかさを目指してはいけません。

Let's Try!!

- □ 同僚にロープレを見てもらって、滑らかすぎないかをチェックしてもらおう。
- □ セールストークの要所に入れる、お客さまへの質問を考えてみよう。
- □ ロープレの台本に書き込んで練習してみよう。

Lesson 15

一ヵ所集中ロープレで話力を磨く

◉人間が商品を説明することに意味がある

私は新人の頃、商品説明のロープレをしてから商談に向かっていました。だから、商品知識は大丈夫。しかし、現場ではお客さまの思いがけない反応に返答につまり、商談自体もダメになってしまうことの繰り返しでした。

自分の何が悪いのかがわからず、「お客さまの反応は十人十色、だから困って当然。まだ、経験が少ないからたくさんの方とお話しして経験を積めばそのうちうまく対応できるようになるだろう」と、自分も周りも思っていました。

実際、それはその通りなのですが、ありがたいことに私には早々に幸運な気づきがありました。

当時の私に欠けていたのは、「相手にいかに興味を持っていただくか?」という視点でした。商品をうまく説明することばかりに気をとられていて、「何のために人間が説明するのか?」、そして「何のために私が説明するのか?」ということを考えていなかったのです。

商品内容を把握し、正確にお伝えするのは当たり前。ただ、商品を知るだけなら、インターネットやパンフレットを見ればいい。今の世の中、情報はいくらでも手に入れることができるのですから。

何のために人間が説明するのか？　を考えてみてください。

お客さまの興味をピックアップして掘り下げられるのは人間だけです。お客さまが興味を持っている部分をコンパクトにまとめ、わかりやすくお伝えするのが、私たちセールスパーソンの役割だと思うのです。

◉漠然と説明するだけなら人間でなくていい

ということで、ロープレでは、商品をいかにうまく説明するかではなく、お客さまにいかに興味を持っていただくかを考えるべきなのです。あなたは、商品とお客さまをつなぐ、セールスパーソンとして最も大事な部分を任されているのですから。

それは、私がある営業研修を受けた際に、《自社のパンフレットの一ヵ所だけしか話してはいけないロープレ》を経験したことでわかりました。

このロープレのやり方は簡単です。

①仲間とロープレをするときには、パンフレット（資料）の一ヵ所だけしか話してはいけません。自分が一番好きな場所でもよいですし、一番の目玉だと思っている所や、話しやすい場所でもかまいません。とにかく自分で一ヵ所決めてください。

②持ち時間は、一人につき5分間。セールスパーソン役になった人は、たくさん待機しているお客さま役の同僚たちに対して、次々と話していきます。

ここで、気をつけなければいけないのは、次々と話すということです。最低でも5人と話してください。一人だけと話して終了したら意味がありません。

その理由は二つあります。

一つめは、連続して話すことによって欠点が克服され、トークが洗練されていくからです。これは、他人にどんなにアドバイスをもらっても習得できるものではありません。

二つめは、繰り返し話すことによって、同じネタを説明することに自分自身が飽きてきます。そのときに、本当の意味で《相手を見る》ことができるようになるのです。

ただし、実際にやってみると大変ですよ。一ヵ所だけの商品説明など1分くらいで終わってしまうのに、５分も話さなければいけない。何を話せばいいのかわからないけれど、とにかく話しまくるしかない。連続で７人も相手をしていると、ネタも尽きてしまいます。

しかし、研修の最後の頃になると、商品説明は話のキッカケに使うだけになり、５分間でお客さまと自在に会話ができるようになります。商品を説明できない分、目の前のお客さまのことをよく観察し、想像していくようになるからです。

今までの、資料の端から端まで説明していたロープレは何だったんだろう？と目からウロコが落ちるはずです。

この経験が、今の私の原点になっています。

Let's Try!!

- □ 台本では「この方にはココだけは伝えたい！」と思う部分を強調しよう。
- □ 「一ヵ所しか説明してはいけないロープレ」を試してみよう。
- □ 「質」は「量」からしか生まれない。たくさん練習しよう。

Lesson 16 沈黙を待てるようになるためのトレーニング

◉商談においてお客さまの沈黙や間が大切な理由

以前、あるマネージャーから、次のような相談を受けました。

「新人の〝話しすぎ〟をなんとか直してあげたい。何度注意しても直らないし、挙句の果てには煙たがられて僕に近寄らなくなっちゃった。でも、そこさえ直れば、もっとご契約をいただけるのに……」

この悩みは、セールスパーソンというよりは、むしろマネージャーやリーダーといった、指導する立場の方から多くお聞きします。逆に、当の本人（セールスパーソン）は、自分が話しすぎていることに気づいていないことがほとんどです。

では、なぜ、沈黙が怖いのか？

冷静に考えてみると、その後に出てくる言葉に対して即座に対応できるか不安だったり、断りの言葉が出てきたら辛いからだったり……と、理由はいろいろあると思いますが、要はビビッてしまって、想像で勝手に話し始めてしまうのです。

でも、一時的に楽になっても、結局、お客さまの考えていることはわからないままですし、話の方向性が見えないので、気持ちよくはありません。

前述の台本（スクリプト）の話の中で、「間が大切」ということをお伝えしましたが、この相談は、まさにその「間」が取れないゆえの《失敗のスパイラル》と言えます。

そもそも沈黙や間が大切なのは、お客さまの思考を止めてしまわないためです。私たちは日常的に、頭の中で考えたことを口に出すということを繰り返しています。しかし、一つのことを考えている最中に、余計な情報が入ってくると、思考が中断してしまいます。

よく、ショップで洋服を見ているときに、「店員さんがしつこく話しかけてくると買う気がなくなる」という話を聞きますよね。

今見ている服を買おうかどうかを考えている最中に（何も考えずに衝動買いする時もありますが（笑））……矢継ぎ早に話しかけられたら、「なんかもういいや」となってしまいがちです。

私たちの商談も同じです。

お客さまは黙っていても、頭の中はグルグル回転しているかもしれないのです。

◉沈黙は金。相手の思考を中断してはいけない

そこで、沈黙を我慢できるようになるためのロープレ・トレーニングを紹介しましょう。私たちの仲間の間で伝わっている方法です。

このルールも簡単です。

ロープレをしているお客さま役に、《心の中の声を口に出して言ってもらい、その秒数を営業役が数える》のです。

このトレーニングには、次の二つの効用があります。

①沈黙の実際の長さ（冷静に数えてみると意外と短い）を理解しつつ、こちらが話し出すのを抑えること。

②心の中を実況中継してもらうことで、沈黙の間にこれだけのことをお客さまは考えている、という事実を感じ取ること。

例えば、営業役が「いかがでしょうか？」といった後に、お客さま役が考え始めます。

（心の中の声で）『どうしようかな～……。……。……』

お客さまの心の声を聴きながら待っていると、簡単に1、2分くらいは経過しているはずです。

しかし、ただ待っているときには、この1分が、5分にも10分にも感じてしまうのです。

沈黙をさえぎらず、うなずきながら、お客さまの心の声にじっと耳を傾けてみてください。最後までお客さまの思考に興味を持ち、観察し、心の声を聴くことで見えてくるものがたくさんあります。

Let's Try!!

- □ お客さまの沈黙を邪魔してはいけない理由を理解しよう。
- □ 沈黙の最中のお客さまの心の中を想像してみよう。
- □ 沈黙を待てるようになるためにロープレで練習しよう。

Lesson 17

台本の肝は「前置き」「間」「つなぎ言葉」

◉セールスプロセスの確立が成功への第一歩

先日、保険のトップセールスパーソンのセミナーを聞く機会があったのですが、その冒頭で、売れるセールスパーソンを育てるためには「セールスプロセスの統一化と平準化が重要」と説いていました。

ファーストアプローチから成約、紹介依頼に至るまで綿密な台本（スクリプト）があり、経験者が入社しても、必ず台本（スクリプト）を一字一句、繰り返し覚えてもらうそうです。

何度も練習し、お客さまの前で実践し、また同じことを練習していくうちに自分のものになる。間や表情まで、すべてを叩き込むそうです。その結果、売れるセールスパーソンが増えるのですから、この会社が「セールスパーソン再生機関」と呼ばれているのもうなずけます。

アメリカにも、一人当たりの生産性が群を抜いている保険会社があります。やはり、その会社も同じようにセールスプロセスが確立されています。

よくできた台本（スクリプト）には、飽きさせない場面展開（ドラマなどのチャプターのような）や集中力を保ってもらうためのスパイスが所々に散りばめられています。同じ時間、同じような内容の話をしても、苦痛な長時間に感じるか、興味津々な時間になるか、の違いはここにあります。

個別のスクリプトの良し悪しは別として、では、スクリプトを使ううえで重要なのはどの部分でしょう？

本書で何度も繰り返していることですが、特に経験の浅い方は商品説明に一生懸命になりがちです。スクリプトについても商品説明にスポットを当ててしまう方が多く見受けられますが、でも、ちょっと待ってください。もし、自分がお客さまだったらどうでしょう？　まだ、話を聞く準備もできていないのに商品説明をされても耳に入らないでしょう。

◉覚えたいのは《前置き》《つなぎ言葉》《間》《行間》《ト書き》《事例》

スクリプトは保険商品をうまく説明するためのものではありません。本当に覚えたいのは《前置き》《つなぎ言葉》《間》《行間》《ト書き》《事例》などです。

わかりやすい例でいうと、場面を展開するに当たって「それから」とつなぐの

つなぎ言葉のNGは、「それで」「それで」「では」「では」など、同じ言葉をくりかえすこと。気をつけましょう！

と「ところで」や「実は」とつなぐのとではまるで違う話になるのです。

《間》は言わずもがなです。これはお客さまが考える時間ですから重要なのに、わかっちゃいるけど耐えられない（笑）。だから、わざわざ書いてあるのです。

《事例》も飛ばしやすいのですが、保険の場合は形のない商品だからこそ、どんな時に役に立つのか、なぜ必要なのか、ということのほうが興味を持てます。薬局で、薬の名前や成分を言われてもピンとこないですよね。それよりも効用を知りたいはずです。

保険営業を難しいと感じるのはなぜかというと、それは、どうしたらご契約がいただけるかがわからないからです。だからこそ、「型」が必要なのです。

極論を言えば、ファーストアプローチから成約までのスクリプトがあって、プロセスが解れば、この仕事は優劣の差はあっても誰にでもできることなのです。

Let's Try!!

- □ つなぎ言葉を意識して自分だけの台本をつくってみよう。
- □ お客さまが考える「間」を大切にしてみよう。
- □ 保険は形のない商品だからこそ「事例」を多用しよう。

つなぎ言葉をあらかじめ用意しておかないと、「あの」「その」「え〜と」「そうじゃなくて」などが多くなりがちになるので気をつけましょう！

Lesson 18

結論を先に伝えてお客さまを引き込む

◉やり方を覚えて訓練するだけで伝える力は格段にアップする

昔、同僚と打ち合わせをしていたときのことです。

その同僚がいったい何を言いたいのかさっぱり要領を得ないので、私は会話をストップしてこうリクエストしました。

「まず、結論から先に教えてもらえる？　それから説明をしてくれない？」

結局、その彼女が本当に伝えたかったことを理解するのに、15分もかかってしまいました。きちんと整理して話せば、わずか3分で伝わるような話を、です。ちょっと強く指摘してしまった手前、その後、フォローする目的もあって彼女に聞いてみたところ、「伝えたい！」と思えば思うほど、自分が何を言っているのかがわからなくなる——とのことでした。

そして、「私は話が下手だから仕方がない」と半ばあきらめていたのです。

しかし、伝えたい思いがあるのに「話が下手だから」で片づけているのはもったいないですよね。やり方を覚えて訓練するだけで、伝える力は格段にアップするのです。

◉池上彰さんに学ぶ「伝える技術」

以前、私が一番勉強になったのは、元NHK記者の池上彰さんが著書『わかりやすさの勉強法』（講談社現代新書）に書いていた工夫です。

池上彰さんは、記者時代、ニュース原稿を書くにあたり、最初に【とにかく大変なんです】と書いてから、本当の記事を書き始めていたそうです。

そして、原稿を書き終えたら、その部分を消すのです。

なぜ、そうしていたかというと、「とにかくすごいんですよ！」とか「とにかく大変なんですよ」といった書き出しで始めると、自分が一番伝えたい大事なことが自然とあとに続くからだそうです。なるほど、これなら私にもすぐにできそうだ！　と膝を打つ思いでした。

例えば、「（とにかくすごいんですよ！）○年の10月から消費税が8％から10％にアップしたことで○○にこんな影響が出ています」

「（とにかく大変なんですよ！）今年の夏に、うちの前に大きな倉庫が建つから、庭から花火大会が見られなくなるらしいよ！」

池上彰さんは他にも『伝える力』（PHPビジネス新書）、『わかりやすく〈伝える〉技術』（講談社現代新書）、『池上彰のお金の学校』（朝日新書）など、参考になる本をたくさん出しています。

――といった感じですが、どうでしょう？　われながら、躍動的で興味をそそる内容に聞こえてきませんか？（笑）。

Let's Try!!

□ ロープレでは自分が伝えたいこと（結論）から話す練習をしよう。

□ 技術よりも前に『これをあの人に伝えたい！』という想いを大切にしよう。

□（とにかくすごいんですよ！）に続けて、説明を始めてみよう。

Lesson 19

訪問する前にお伝えすべき5つのこと

◉〝話の地図を渡す〟と聞き手に話を聞いてもらいやすい

池上彰さんはこのほかにも、最近のニュースでは、キャスターが本編の記事を読み始める前に、「東京では45年ぶりの大雪だそうです」というように、一言でニュースの内容を要約して伝えていることを紹介しています。

これをする理由として、池上彰さんは「話の地図を渡す」という言い方をしています。つまり、「私は今からこの話をします」と先に伝えたほうが、聞き手は話を理解しやすいし、集中力も続くというわけです。

たしかに、私が前項に書いた、同僚との打ち合わせの件でも、最初に何の話をするかだけでも教えてくれれば、私の理解度や忍耐力（笑）は、まったく違ったかもしれません。実は、こうした手法は、私たちもビジネスの中で当たり前に使っています。

例えば、私がお客さまを商談で訪問するときには、事前にこうお伝えします。「〇日は〇〇について、以下の件についてご説明にうかがいます。①……、②

……、③……、④……、⑤……。つきましては、○と○をご準備ください」

これを紙に書いたメモをお渡しします。そして、訪問日の前日か当日にもう一度確認の連絡を入れ、さらには商談に入るときに「今日は、○○についてお話ししますが、後半は○○についても説明させてください」などと話していきます。

また、辞去する際には、「次回は○○をお持ちしますので楽しみにしていてくださいね！」などと、興味をそそるような次回の予告までしています。

さて、先ほど私の同僚だった人には、ちょっと厳しめの話を書いてしまいましたが、私は、一生懸命に伝えようとする彼女のことは大好きです。「伝えたい！」という思いが強すぎて混乱するなんて素晴らしいですよ。人前で話すことはコツを覚えて練習すれば誰でもできる。一番必要なのは相手に思いを伝えたいという熱い気持ち。そこから努力が始まるのです。実はプライベートでは話下手の私は、そう思っています。

Let's Try!!

- □ 商談で訪問する前には当日の用件と用意してもらいたいものを伝えよう。
- □ 商談の用件は紙にメモをしてお客さまに渡そう。
- □ 「次は○○をお持ちします」など、次回商談の予告を必ず伝えよう。

Lesson 20

成績の差は準備の差

◉自分で納得できるレベルになるまで練習していますか？

一つのことに詳しいし、情報収集にも抜かりはないが、お客さまと向き合うと緊張して力を発揮できない……。

こんな人もいると思います。

大事なことなので繰り返し言いますが、解決策は単純です。ロープレ研修はもちろん、あらゆる機会を逃さずに、事前に自分でアウトプットしてみることです。実際に自分ができなければ自信はつきません。例えば、誰かにセールストークの流れや、新しい知識を教えてもらった場合――。

「いい話を聞いた！　今度、誰かに話してみよう！」と思って、ちょっと練習しただけでお客さまに話す人は多いのではないでしょうか？

しかし、実際には同じように話せないはずです。なぜなら、それを教えてくれた人は、何十回もその話をお客さまにしているからスラスラとできるのであって、そのレベルに至るのに相当な経験を積んでいるからです。

以前、こんなことがありました。セールスパーソン数人が座談会をしていたときに、トップセールスパーソンが白い紙を出し、一人をお客さまに見立てて、ロープレをしてくれたのです。

皆は「すごい！　やってみたい」と口々に言い、それでこの場は終わるのかと思ったのですが、突然、その中の一人が「聞いてすぐやらないと忘れちゃうから、ロープレさせて！」と、そのセールスパーソンを相手に皆の前で、今聞いたばかりの話をコピーし始めたのです。

結果は、酷いものでした。話はまとまっていないし、時間も長い。本人も納得できなかったようで「もう一度、お願い。次はもっと簡潔に話せるようにするから」と言って、二度目が始まりました。一度目の話は聞いているこっちが恥ずかしくなりましたが、今度は少し良くなっています。

ロープレを終えると、その人はこう言いました。

「あ～、恥ずかしかった。でも、この中で、今の話を習得できたのは私だけだね。きっと他の人は現場でやらないし、そもそもできないだろうしね……」

◉疑似体験が少ないからセールスに自信が持てない

経験の少ない人が、自信を持ってお客さまと会話するには、知力武装をするほかに、疑似体験を重ねて準備するのが有効です。そう、ロープレが必要なのです。

ある生命保険会社の支社長は、こうおっしゃっていました。

「（契約を）絶対に決めたいと思ったら、必要と思う情報をすべて準備する。こう言われるかもしれないと思うレベルのことまですべてシミュレーションをする。実際の現場では、準備したものの3割程度しか使わないが、何が来ても大丈夫という自信が持てるし、これだけ準備してダメだったら、諦めもつく」

インプットしたことは、本番で使う前に、あらゆる場面でアウトプットして、フィードバックをもらう習慣も身につけておきたいところです。

そのためにも、ロープレを繰り返し行っていきましょう。

Let's Try!!

- □ そのセールストークは何度練習しましたか？ ロープレを繰り返して、自分で納得できるレベルまで仕上げよう。
- □ 仕入れた情報は、実際にお客さまに話す前に、一度アウトプットしよう。
- □ 『ここまで準備してダメなら仕方がない』と思えるほどの準備を心がけよう。

Column

連続５分ロープレで身体に覚え込ませる

空手の黒帯って、かっこいいですよね！　知人から黒帯の昇段試験の話をお聞きしたのですが、その人によると、「10人組手」という試験に合格しないと黒帯になれないそうです。10人と戦って、一回でも負けたら終わり（引き分けはセーフ）だというので、私が「最後のほうになったらヘトヘトで大変なんじゃないですか？」と聞くと、「６～７人目が一番キツイね。それを超えてしまえば、最後のほうは勝手に手が出てきて楽になる」と教えてくれました。

おそらく、10人と必死で戦う間にすごいスピードで感覚を身につけて、スキルが上がっていくからではないかと考えます。

前述した「連続５分ロープレ」も、同じような効果を狙ったものです。どんな技能においても、実戦（形式）を集中的に繰り返すことによって､大事なことを身体が覚えていく段階があります。

営業という私たちの仕事も、反復して経験を積まなければいけない点では同じですね。途中が苦しくても、それを乗り越えれば違う景色が見えるようになるのです。

Lesson 21

自分ならその説明を聞いてどう思うか？

◉知識やテクニックを磨くことよりも大切なのは〝自分を納得させること〟

ここにもまた、流暢なロープレができるのに売れなくて悩む人がいます。「社内のロープレ大会で一位になったのに営業成績が伸び悩んでいる」という男性から相談を受けたのです。実際にロープレの相手をしてあげたら、さすがに一位だけあって、彼の話し方は流暢で美しい。マニュアル・トークとしては、非の打ちどころがありません。

でも正直、私の心には響かなかったのです。

ロープレの最後に私が「検討します」と気のない返事をしてみると、彼は「実は、それがいつものパターンなんです」とため息をつきました。

「私の何が悪いのでしょうか？　会話は進むのに最後はそうなってしまいます。押しが足りないのでしょうか？」

もちろん違います。彼の話は、上っ面な感じがするのです。

その原因は、《自分の仕事の役割》や《説明の前提となる知識》について、自分自身がわかっていないから。自分が納得していないまま話しているのです。

例えば、ふだん自分が使っていてほれ込んでいる商品を、友人に「これすごいんだよ～」と勧めるときや、相手の利益のために『これをどうしても伝えたい！』と思ったときの、情熱と力強さを思い出してみてください。

商談では、知識やテクニックのあるなし以前に、自分自身が《納得》しているかどうかのほうがよほど大切なのです。


◉自分が納得していない話は相手に届かない

では、どうすればいいのでしょうか。

例えば、私はセールス研修を行う際、参加者に、『この研修で自分が知りたいことは何か？』を最初に考えてもらっています。そして、前提となる知識や背景を勉強したうえで、『それについて自分がどう思ったか？　何を感じたのか？』を、言葉にして伝えてもらいます。

講師の立場から言うと、この「自分事」として捉えてもらう導入部分が、研修の効果を高めるためにはとても重要なのです。

もちろん、研修の途中でも折りに触れて、『自分がどう思ったか？　自分ならどうするか?』という問いを投げかけていきます。それをして初めてノウハウやスクリプトが生きるからです。

それは、お客さまに伝えるための知識や情報を学ぶときも同じです。

前述の《ロープレ大会で一位になったのに成績が振るわない人》は、うまく伝えること（読むこと）に意識の焦点を合わせていて、肝心の中身については、自分で納得できていないのでしょう。

このことは、俳優が行っている「役作り」にも似ています。

俳優がある役柄を演じるときには、単にセリフを覚えるだけではなく、その人物の詳細なプロフィールや時代背景、文化、風俗、言葉の意味などについても調べると聞きます。一流の俳優ほど、より徹底して調べていることでしょう。

それだけではなく、軍人の役なら自衛隊に体験入隊するとか、役柄と同じ職業を経験してみるなどして、その役柄の根本の部分をつかもうとしているはずです。

セリフは完璧に言えて当たり前。優れた俳優はそれ以上の準備をし、自分自身が演じる役に《納得》しているからこそ、その演技が観客の心を揺さぶるし、舞台の上でのアドリブも自然に出てくるのです。

同じように、セールスパーソンにとっては、仕入れる知識や情報の全てを「自分事」として捉えること、つまり、自分で納得していることが、営業担当者としての軸になります。

その納得があると、結果的にお客さま目線になれる。商談においても、自分の話すことが相手の心にシンプルにストンと入っていきます。相手から思いもよらぬ反応が返ってきても、相手の考えを認めたうえで自分の考えを堂々と展開できるのです。

Let's Try!!

- □ 商品や知識について、「なぜそれが必要だと思うのか？」を自分に問うてみよう。
- □ 自分がその内容に本当に納得しているかどうか改めて振り返ってみよう。
- □ 本当に納得できているとどんな角度からも説明できることをロープレで実感しよう。

Column

何が言いたいか自分でもわからなくなるときがある人へ

「話にまとまりがなく、何が言いたいのか自分でもわからなくなるときがあるんです…」

これもセールスパーソンには「あるある！」の悩みですね。特に、経験の浅い人が、話の段取りを決めずにぶっつけ本番で話すと、たいていこうなります。

ところが、この現象、実は新人よりも、少し知識がついてきて何度か成功体験を積んだセールスパーソンのほうが陥りやすいのです。

というのも、自分に知識がついてくると、あれもこれもと話したくなります。しかも、前の商談で興味をもたれた話などは、成功体験（たった一例の……ですが）があるので、また披露したくなります。

しかし、商品説明にしてもクロージングにしても、《自分の知識を披露する場》ではありません。お客さまの考えを聞きながら、良い方向性を一緒に考えていく場です。

「それはわかっているけれど商談になると…」という方には、すでにご紹介した《一ヵ所しか説明してはいけないロープレ》をおススメします。

私自身、同じようなことで悩んでいた時期がありましたが、そのロープレ特訓のおかげで、早い時期にたくさんの気づきを得ることができました。

Lesson 22

台本を最初からアレンジしてはいけない

◉ケーキ作りとセールストークの共通点

実は私、お菓子作りが趣味です。

長年、保険営業の仕事をしていると、形の残るものを作りたい欲求に駆られるというか、クリエイティブなものに憧れさえ感じるのかもしれません。

先日、パイ皮にくるんだベイクドチーズケーキを作ったのですが、久しぶりに大失敗してしまいました。

焼いている間中、いや〜な匂いが立ち込めていて、オーブンの中では分離したバターが浮き上がりブチュブチュと音を立てて焦げています。「あ〜、やっちゃった〜」と思いながら、私は失敗の原因を考えていました。

今回の失敗は、ちょっとできるようになったからといって、私がレシピどおりに作らなかったことが原因です。まず、「チーズケーキは慣れているから簡単」と高をくくってしまった。何度もやっているから大丈夫と思ってしまったのですね。

具体的には、少量だからと高をくくり、目分量にして、工程も順番どおりにやりませんでした。お菓子を作る人ならわかると思いますが、分量と順番はとても重要なのです。

量を間違えると膨らまなかったり、順番を変えると違うものになってしまったりします。でき上がりを食べましたが、チーズケーキの食感はなく、匂いも悪く、不味くて捨ててしまいました。

◉一つでも変えたら本来の意図とズレてしまうことがある

私はケーキを捨てながら、セールストークに関して新人さんに注意しているのと同じ失敗を自分がしてしまったな、と大いに反省していました。

というのも、新人の営業職員が頑張っても成果が上がらない理由のひとつに、マニュアルの台本（スクリプト）どおりに話さないということがあるからです。

私自身もそうでした。まだ経験が浅かったころ、何度か商談に成功したからといって調子に乗り、準備不足や段取り不足で失敗を重ねたことを思い出します。

何より辛かったのは、次に何を話すのかがわからなくなり、言葉が出てこなくて話がめちゃくちゃになってしまったときでした。

ロープレでは「日本語を話すことに高をくくらない」ということは既にお伝えしました。会社からスクリプトを渡されたら、自分勝手にアレンジせず、一字一句そのまま話せるように練習することが大事なのです。

では、なぜ一字一句変えずに話さなければいけないのか？　極端な話をすると、「が」を「は」と言い換えたり、言葉を一つ飛ばしただけでも、お客さまが受ける印象はまったく変わってしまうのです。

ベテランのセールスパーソンが臨機応変のトークで成果を出せるのは、基本形をマスターしているからこそ。大事なポイントをわかったうえで話しているので、アレンジしても大丈夫なのです。

また、基本の型を知っているからこそ、失敗した時にまたそこに立ち戻ってやり直すことができます。

ケーキ作りも同じで何度も作っていると、洋酒を入れたり、トッピングを変えたり自分なりのアレンジができるようになりますが、基本のレシピは絶対に変えてはいけませんし不動なのです。

それなのに、新人のうちから自分流にアレンジしていては、本当に大事な基本が身につきません。

それは、よく営業現場で「本社の作ってきたスクリプトは現場で使えない」と話されていることとはまた別の話です。

Let's Try!!

□ マニュアルは、アレンジせずに最初は一字一句そのまま話してみよう。
□ マニュアルで話法の基本形を徹底マスターしよう。
□ 効果が出なければ、問題点を分析して、自分に合うように変えていこう。

セラピストは、クライアントの反応や言葉にならない想い、本人も気づいていないことなどを言語化してただ伝えていただけで、会話のすべての中心がクライアントだった。そして、全身で傾聴していたのです。

私たちの業界でも、そうした特別なセールスパーソンがいますよね。お客さまよりたくさん話しているのに、お客さまが心から納得して任せたいと思う存在になっている人たちが……。

その人たちは、自分本位で話しているのではなく、常にお客さまが中心です。相手に100%の好奇心を向けて聴くなかで、思ったことや感じたことは素直に出す。そして、その際には相手の反応をコントロールしないのです。

傾聴の大切さが理解されてきている今だからこそ、さらに一歩進んで、本当の傾聴を目指しませんか。「自分の意見もきちんと伝えたうえで、相手に選択を任せることのできるセールスパーソン」になることを……。私もがんばります。

Column

傾聴とは「ただ話を聴くだけ」ではありません

このところビジネスの世界では「傾聴」がブームですよね。自分ばかり話すのではなく、部下や同僚、お客さまの話にちゃんと耳を傾けようという意識が高まってきたのでしょう。

しかし、そうは言いながら、皆さんは「話を聴いてもらっているのに、なぜかスッキリしない」という経験をしたことはありませんか？　「ただ右から左に流されているだけ」という感じを経験したことが……。

この点については、実は私も勘違いしていた部分があります。心理学を勉強したり、コーチングの資格を取ったばかりの頃は、私も「ただ聴けばいい」と思っていたのです。

ところが、本当の聴き上手は、ただ聴くだけではありません。相手に好奇心を向けて聴くからこそ、自然と質問も出てくるのです。

それは傾聴というよりも、「分かち合う」とか「話し合う」という感じです。終わったときに自分の答えが出ていたり、スッキリしたりします。

以前、私の友人が、セラピスト業界で有名な「傾聴セラピスト」の方のセッションを受けたことがあります。話を聴いてもらってとても楽になったので、どんなふうに会話していたのかを知りたくて、許可を得て録音し文字を起こしてみました。そうしたら、驚いたことに、会話の７割をセラピストが話していたそうです。

にもかかわらず、私の友人は、『本当に深いところで聴いてもらった』という感覚を持っていました。不思議に思ってさらに分析してみると、セラピストは自分の話は一切していなかったのです。

第4章

お客さまの心を開く話し方

Lesson 23

「共感」「尊敬」「安心」が信頼を生む

◉信頼関係をつくる三つのキーワード

新人セールスパーソン向けの研修講師をしたときに、少し困ったことがありました。

冒頭で私がとてもスゴい人のように紹介されてしまったのです。

なぜ困るかというと、いわゆるスゴい人の話は、素直に聞いてもらえないからです。『ああ、きっとあの講師は特別なのだ、私には真似できない』と思われてしまうのです。

私は、研修参加者に『自分にもできる』と安心してもらいたかったので、最初の15分は新人の頃の失敗談を延々と話すことにしました。会場の空気はそこで変わったのでホッとしましたが、このエピソードは、私たちのセールストークとも大きな関係があります。

お客さまにきちんと話を聴いていただくために、「尊敬」は必要なことですが、それればかりだと、親しく深い信頼関係にはなかなか発展しません。では、どうすればいいのでしょうか。「共感」「尊敬」「安心」の三つのキーワードで考えてみたいと思います。

①「共感」…自己開示して人間的な面を見せる

ある不動産仲介のトップセールスは、ファミリーのお客さまを物件に案内するときに、自分の子どもや奥さまの話をたくさんするそうです。そうすることで共感が得られるし、子ども部屋やキッチンの話にも、より広がりが出るからです。

また、ある生命保険のトップセールスパーソンはパチンコが大好きなのですが、たまたまお客さまの趣味がパチンコだとわかったときには、「いやぁ、実は私も好きなんですよ。この間もね……」と切り出しているそうです。

彼らのように、初対面の人とすぐに仲良くなれる人がいますが、その秘訣は、「話しすぎない程度の自己開示」にあります。まずは自分の話をすることで、『へえ、この人は、こういう人なんだ』と、親近感を持ってもらえますし、こちらから自己開示をすることで、相手も自分の話をしてくれるのです。

②「尊敬」…相手の知りたいことを教える

私たちは信用されてなんぼの商売ですが、皆さんは「キチンとしていなければならない」といった思いに囚われすぎて、完璧さやデキるところを見せようとし

「パチンコが趣味」というのはずいぶん突拍子もない感じですが、特異なことの共通点があるほど会話は盛り上がることがよくあります。

すぎていませんか？

人は、自分の知らないことや得することを教えてもらうと、感謝と尊敬の目で相手を見ます。だから、きちんと正しい知識を身につけ、正確にわかりやすく話すことは大切です。ただし、そのときに気をつけなければいけないのは、「上から目線」にならないようにすることです。

③「安心」…欠点やギャップを見せる

皆さんは、怖くて近寄りがたいと思っていた人の意外な一面を発見して、急に親近感が湧いた経験はありませんか？

目の前の相手が、欠点もある普通の人間なんだと思えると、安心できますよね。ただし、ここでいう「ダメなところ」というのは、あくまで人間的な部分のこと。仕事上のミスやお客さまに迷惑をかけるような失敗のことではありません。「仕事はすごくデキるのに、こんなかわいい面もあるんだ」というギャップ（一人の人間としての素の姿）が、お客さまとの心の距離を縮めるのです。

信頼関係というのは、会ってすぐにできるものではありません。「共感」と「尊敬」と「安心」の三つのバランスと、熱心さ、一生懸命さや思いやり、約束を守

「おとくな話」「ここだけの話」をさりげなく会話の中に入れてみると、「感謝」の気持ちをもってもらえることがあります。

る等の当たり前の行動や言動により築かれていきます。
私たち専門家の場合は、幸い、「尊敬」の部分はクリアできているわけですから、「共感」と「安心」の部分を心がけて話していくと、お客さまとの関係も変わってくると思います。

Let's Try!!

- □ 共感してもらえるような自己開示を心がけよう。
- □ 尊敬してもらえるような知識を身につけよう。
- □ 安心してもらえるように人間的な面（ギャップ）も見せるようにしよう。

Lesson 24

上から目線のトークに注意する

◉専門家は気難しいほうが格が高く見える⁉

以前、あるテレビ番組（『ホンマでっか⁉ TV』、フジテレビ）を観ていたら、心理学者の方が、「専門性の高い職業の場合は、腰が低い人よりも気難しい人のほうが〝格〟が高く見える」というようなことを話していました。

その人の気難しさや態度の大きさを、お客さまは〝自信の表れ〟として受け取るためなのでしょう。言われてみれば、寿司や天ぷらの高級店では、職人さんは黙々と料理をつくり上げ、言葉も少ない方が多いような気がします（私は滅多にそんな場所に行きませんが……）。

そこで、ふと思ったのは、私たちのように《お客さまのマネープランやライフプランをアドバイスしたり、生命保険をお勧めする職業》の場合は、どうなんだろう？　そして、私の態度はお客さまの目にどう映っているのだろう？　ということです。

こうした仕事をしていて、お客さまの前で気難しい人はいないでしょうが、知らず知らずのうちに、〝上から目線〟で傲慢に話している可能性はあるかもしれません。

「教えてください」

「相談したいことがあります」

こんな形で会話が始まることも多い仕事ですから、自信ある雰囲気を醸し出すことや、豊富な知識と経験から生まれる貫禄があることは、とても大事な要素だと思います。

しかし、勘違いしてはいけないのは、私たちは仕事柄、お客さまよりも生命保険や社会保険や税制に詳しいというだけで、人生経験や知識がお客さまより多いわけではありません。

また、大きな金額を扱っていたり、所属している会社が大きかったり、社会的地位の高い人と仕事のおつき合いがあるからといって、自分が偉いわけではないのです。

◉〝上から目線〟だった営業活動の失敗談

20年以上も前のことです。私は、ある上場企業の本社を担当していたのですが、あるとき、その企業の部長さんから子会社を紹介されました。早速アポを取ってご挨拶に伺い、その子会社に営業として出入りさせていただくことになったのですが、しばらく通って次々とお客さまに保険提案をしていても、なかなか結果が出ません。

当時は、実績的にも自分の仕事に自信を持っていましたから大いに悩み、半年後には職場に出入りする権利を新人に譲ってしまいました。しかも私は、『子会社は私には合わない。私に相応しくて、私を必要としてくれている訪問先は他にたくさんある！』と自分に言い訳をして撤退したのです。

なんと傲慢で、自分本位な考え方でしょう！　今思い出すと、恥ずかしくて顔から火が出そうです。もっとも、そのひどい言い訳に道理がないことは自分でも薄々感じていて、子会社での一件は、ずっと心に引っかかっていました。

しばらく経った頃、私は別の会社のお客さまからひどい意地悪をされ、コテンパンにされてしまいます。悲しくて悔しくて、帰りの電車の中で涙が出てきました。そのとき、『ああ、前にもこんな気持ちになったことがあったな』と、先ほどの子会社の一件を思い出したのです。

私は、一つひとつの記憶をたどり、自分の心の中に何度も問いかけてみました。

検証が終わると、今度は自分自身に対して情けない気持ちでいっぱいになり、また涙が溢れ出します。

私は本社に出入りしていただけではなく、役員や役職者とも懇意にしていたため、心のどこかに『自分は本社の担当なんだから』という驕った気持ちがありました。社員のお給料も、子会社より本社のほうが断然高いため、保険提案をしながら、ついつい比べてしまっていました。

また、自分の営業手法や提案力を過信し、上から目線にもなっていました。

当時の私は、セミナー講師を引き受け始めた頃でもあり、「先生」と呼ばれることもありました。それで知らず知らずのうちに天狗になっていたのかもしれません。人生の先輩に対して、『教えてあげなきゃ』と意気込んでいました。

こうした検証作業は、私にとっては辛いことでしたが、そこでの気づきは私の営業人生において、とても大きなプラスになっています。

Let's Try!!

□「職業へのプライド」と「上から目線」を勘違いしないようにしよう。
□日頃の自分の態度を同僚や家族・友人からチェックしてもらおう。
□親しいお客さまには、率直なフィードバックをもらえるように頼もう。

“上から目線”になってしまっているときに率直にアドバイスをくれる上司や職場の仲間をもつことはとても大切なことです。

実は、私も一度、子会社で契約がいただけない悩みを上司に相談した際に、自分の傲慢さを指摘されていたのでした。

「あなたが、どこかバカにした態度をとっているのでは？」

「絶対にそんなことはありません！　私がそんなことをするわけがないでしょう！」

しかし、私は忠告を聞き入れなかった。そういうところでも傲慢だったわけですね（お恥ずかしい）。“相手ありきの自分”という謙虚さを忘れない――。お互い、そんな素敵なプロフェッショナルをめざしたいですね。

Column

仕事に対する自尊心と傲慢さを履き違えない

以前、私にはとても苦手なセールスパーソンがいました。ご自分の仕事に高いプライドを持っていた人で、頭も良く、知識もある人でした。営業成績も良い。

それ自体は素晴らしいことなのですが、残念だったのは、その態度や言葉の端々に、同業者である私を下に見ている感じがあったことです。そして、お客さまに対しても、上から目線で『プロとして保険に無知なお客さまを教育して差し上げなければ』と気張っているように感じました（あくまで個人的な印象です）。

その自信満々な態度を「信頼できる」とか「格が高い」と感じるお客さまもいるかもしれませんが、だからといって傲慢になってはいけない（傲慢だと感じさせてはいけない）と思うのです。

どんな世界でも、他人に好意を持たれる人は、立場や境遇に甘んじず、プライドを持ちながらも自分自身が謙虚であるのではないでしょうか？

私だって自分の仕事にはプライドを持っていますが、プライドを持つことと傲慢さが表に出てしまうことは別です（これは若かりし頃の自己反省も込めて書いています）。私はこのときの経験を活かし、その後は相手が何を求めているのかを感じ、できるかぎり偏見を持たずに人と接するようになりました。

言葉使いはいつも通り丁寧だと思っていても、自分の中のどこかに、傲りや、相手を侮る気持ちがあると、知らず知らずのうちにそれが態度や雰囲気に出てしまいます。

「自分に限ってそんなことはあり得ない」

こう思った方には、念のため信頼できる人に確認してみることをお勧めいたします。

Lesson 25

努力してモテている人はセールスもうまい

◉恋愛とセールスはよく似ている

今回はちょっと趣向を変えて、恋愛トークでもしてみましょう。

まずは問題です。

【20代のあなた（男性）は、意中の女性を誘って花火大会に行きたいと願っています。彼女とはまだ顔見知り程度ですが、特にあなたを嫌っている印象はありません。むしろ好印象を持っている様子です。あなたなら、どうやってデートまでこぎつけますか？　思いつく限りの答えを考えてみてください。】

（女性の方は、男性の気持ちになって考えてみてください。）

さて、いかがでしたでしょうか。何種類の答えが出ましたか？　ちなみに私の知っているトップセールスパーソンは20種類くらいの手段を、スラスラっと答えましたよ。

以前、ある保険会社にうかがった際、このお題でチームトークをしてもらったときの回答を挙げてみます。
①「彼女が何に興味を持っているのか、どうしたら喜んでもらえるのか、探る」
②「彼女の生活パターンを知る。（休日はいつか？など）」
③「彼氏、もしくは好きな人がいるのか情報収集」
④「ランチや仕事帰りに、バッタリ会うようにして何度も軽い会話をする」
⑤「彼女の友人に協力してもらう」
⑥「当日の予定がないかどうかを調べる」
⑦「誘う時に、もしこういう答えが返ってきたら？を想定し、いくつか返答パターンを用意しておく」

さすがに営業職だけあって、どんどん答えが出てきます。

ついでに、私の友人の男性にもメールで宿題を出してみたところ、こんな答えが返ってきました。

「相手にとって自分にプレミア感（特別な好意、敬意）がない場合、自分以外のものにプレミアを付けるしかない。《その花火大会がいかに素晴らしいか》とか《めったに取れない特等席が確保してある》とか《会場の近くにとても美味しいレストランがある》といった話で付加価値を出す」

なるほど、といった感じです。

なぜ、こんなことを考えていただいたかというと、私は、営業と恋愛はとても似ていると思っているからです。そして、こんな質問でも、営業成績の良い人はすぐにたくさんの答えが出てくる。

だから、努力してモテている人は、間違いなくセールスでも成功できるのです。

Let's Try!!

□ デートにこぎつける方法を皆さんも考えてください。いくつ挙げられますか？
□ 今、出てきた答えの中で、セールスとも共通するセオリーがあるか考えてみよう。
□ 気持ちが軽くなったところで、見込み客にアプローチする方法を具体的に考えてみよう。

Lesson 26

セールスを恋愛スキルで考えてみる

◉営業も恋愛も「準備が8割」

前項の7つの回答を、セールスの場面に変換してみます。「恋愛も営業も準備が8割」ということがわかると思います。

①【相手を知るための情報収集をする】

コミュニケーションにおいて自分が主役ではなく、相手を主役にできる人は、営業だけに限らず人気者です。相手が何に興味を持っているかがわかれば、会話も弾むし、提案もピンポイントにできます。

②【つまらないことで嫌われない】

相手の状況を知っていると、忙しい時期に急に伺ったりすることがなくなります。相手から「なんだか、いつもいいタイミングで来てくれるのよね〜」と言われる人は、相手の状況をよく考えて行動しています。そして、アポ取りのスムーズな人は、必ずこの点を押さえています。

③【担当者の有無を確認する】

既にお抱えのパーソナルアドバイザーがいるのかどうかが事前にわかれば、早い段階で作戦を変更できます。長期展望で戦略を練るのか？　今はあきらめるのか？　などを考えることができるのです。

④【時間をかけてなじみをつくる】

相手の負担にならない程度に、ちょっと話すことを繰り返す。何度も顔を合わせているうちに段々親しくなっていく。フット・イン・ザ・ドアです。

⑤【誰かに紹介してもらう】

ずばり！紹介です。紹介をいただければ、自分の力では会えない人にも会うことができます。好成績を上げるセールスパーソンは１００％、周りの方々からの応援をいただいています。

⑥【予定確認の軽いアポ取りをする】

言わずもがなのことですね。自分の会いたい日とお客さまの空いている日が一致するとは限りません。まずは、お客さまの予定を聞かなくては！

⑦【応酬話法を作っておく】

これは、セールスマニュアルでよく目にするフローチャートです。「こう言われたら、この言葉で返す」、「お断りに対する模範返答」などは、経験の浅いセールスパーソンは必ず使います。

＊自分以外に付加価値をつける

もう一つ。私の友人の答えも、やはり相手を中心に考えています。自分に自信はないけれど、「面白そうだね～」「めったにないチャンスかも」「いろいろなことをよく知っている人だな」と思ってもらうことで、心をオープンにしてもらい、話をしやすくしています。

◉失敗の理由も恋愛で考えるとよくわかる

どうでしょう？　営業用に変換してみたら、あら不思議！　そのまま営業ノウハウになってしまいましたね。

「営業は準備が8割」と言いますが、その8割がすべてここに詰まっていると私は思います。

まずは、お客さまを知ることから始まり、スケジューリング、時間の確保、アポの確定、お客さまのニーズを理解してスクリプトを作成、話の段取り、時間配

本項と合わせて、Lesson20「成績の差は準備の差」もご覧ください。

分――、そして、イザ商談。

こうした準備は、営業の基本中の基本、成功のための大前提です。

そのうえで、「相手を喜ばせたい」「楽しませたい」というスパイス（おもてなしの気持ちと付加価値）があるかないかで、結果に大きな違いが出てくるような気がします。

ちなみに、この質問で出た答えでダメなパターンも、いくつか紹介しておきましょう。

❶自然体の自分を好きになってほしいから何もしない。
❷真っ向勝負したいので、いきなりＴＥＬで告白。
❸断られるのが嫌だからメールで誘う（いきなり）。
❹まずは予定を知りたいので、いきなりその日が空いているかを聞く（用件も言わずに）。

やっぱり恋愛にたとえるとわかりやすいと思いませんか。❶から❹までどれを選んでも恋愛はうまくいかないことは皆さんもおわかりのことでしょう。営業の世界にあてはめると思いっきり「ＮＧ」ですよね（笑）。

Let's Try!!

□ セールスは「相手が主役」。お客さまに関する情報収集を怠らない。

□ 成功の大前提は「準備」。商談に向かうための「準備」を整えよう。

□「相手を喜ばせたい」という気持ちが商談の結果に結びつくことを肝に銘じよう。

営業スキルとして考えると、ヘンに頭が固くなってしまうし、有効な手段もなかなか思い浮かばないのに、その一方で恋愛にたとえて考えているときは、皆さん、目をキラキラさせながら楽しそうに作戦を練っています。

実際の営業現場でも、これだけ相手に健全な興味を持って、相手を喜ばせ、自分も楽しめたら、あなたも必ず「売れるセールスパーソン」になれますよ！

Column

最も簡単なコツは「お客さまを喜ばせること」

恋愛と営業に共通点が多いのなら、モテる人をスカウトして連れてくれば、トップセールスパーソンになるのでしょうか。そんなことはありません。

なぜなら、モテる人には、ざっくり分けて２種類いるからです。

あえて極端に類型化してみます。

一つは、何も努力しなくてもモテる人。

子どもの頃から人気者で、ハンサムだったり、いい雰囲気を持っていたり、特別な才能があったり、お金持ちだったりするので、黙っていても相手から告白してもらえるタイプです。

もう一つは、努力してモテるようになった人。

一言で言えば、「あの人、どうしてあんなにモテるのだろう？」と、よく知らない人からは言われるタイプです。特徴は、気遣いができること、コミュニケーション能力がとても高いこと、趣味が多いこと、話が面白いことなどです。トップセールスパーソンに共通するのは、実はこちらの要素ではないでしょうか。

ということは、営業も努力（研究）すれば売れるようになるし、素質のある人であっても努力しなければ売れないということです。事実、この話でチームトークしてもらうと、そこで出てくるキーワードはいつも一緒です。

①相手の興味を知る→情報収集

②周りの協力→紹介

③事前準備を繰り返す

トップセールスパーソンもそうでない方も、出てくるキーワードは、ほぼ同じなのです。ということは、「どうしたら契約をいただけるのかがよくわからない……」と悩む営業職の人も、《自分が何をすればいいのかはすでにわかっている》ことが多いわけです。

Lesson 27

会話の内容によって話し方を使い分ける

◉商談を三つのブロックに分けて考える

私は、保険営業における会話を、大きく三つのブロックに分けて考えています。
①雑談・世間話、②周辺の知識の話、③保険の説明・設計です。
そのうえで、私はそれぞれのブロックによって話し方を変えているのです（もちろん、相手や状況によって変えています）。

あくまで私のやり方ですが、一つひとつ解説していきましょう。

①雑談や世間話などの情報交換……対等だけど聴く。「教えてください」
導入の雑談では、相手を知るということが主な目的だからです。

だから、会話を主導しつつも相手の話を聴くことが多いです。こうした姿勢でいると、お客さまから知らないこともたくさん教えてもらえます。

②ライフプランニングや社会保障などの説明……「教えてあげます」
この部分は私の専門分野であり、私たちはお客さまが感心するような知識があるからこそプロとして信頼していただけると考えるからです（ただし、「上から

教える」といっても、楽しい先生になりきります）。

私としても、お客さまが初めて知った内容に驚いたり、また、「教えてくれてありがとう」と言われたときは、本当に嬉しいものです。

③保険商品などを説明したり、組み立てる場合……対等のパートナーとして話す

最終的に決断するのはお客さまだからです。

私は、専門的な情報を提供して、プラン作成のお手伝いをするというスタンスです（ただし、決めてほしいと願っているお客さまには臨機応変に対応します）。

ちなみに、お客さまから信頼されづらいパターンを考えてみましょう。

×雑談・世間話…………自分の話を中心に対等の立場で話す
×周辺の知識の話………下から「教えてください」
×保険の説明・設計……上から「教えてあげます」

新人の方などは、こんなパターンに当てはまる人が多いかもしれませんね。

その人のキャリアやキャラクター、また相手によっても、ベストのパターンは変わってきます。

もちろん、人によっては、そのセールスパーソンが大好きで、そのセールスパ

ーソンの近況や話を聴きたい、相談に乗りたいという人もいます。頭の体操のつもりで、その使い分けを考えてみてください。

Let's Try!!

□ 自分なら商談をどのようなブロックに分け、どんな話し方をするかを考えてみてください。正解は私と一緒でなくてかまいません。できれば、同僚の方と話し合ってみてください。

Lesson 28

長くご無沙汰しているお客さまにはひと手間かける

◉アポ取り前のワンクッションで関係性が全く変わる

あるお客さまと久しぶりにお会いしたときのこと。

商談が終わって帰る途中、同行していた後輩が「本当に（あのお客さまと）親しいのですね」と言ったので、「いや、10年会ってなかったよ」と答えて「まるでつい最近も会ったようだったのに…」と驚かれました。

「なぜ、そんなふうにできるのですか？」

皆さんの周りにも、誰かと久しぶりに連絡を取ったり、会ったりしたときに、長い空白期間がなかったかのように相手と親しく話せる人と、逆に、他人行儀ではじめなければいけない人がいると思います。

もちろん、そのときの相手やシチュエーションによって状況は様々でしょうが、数年会っていない相手でも普通に話せる人というのは、相手に対して不義理を感じさせないだけの仕掛けや工夫を無意識のうちにしているのです。

とするならば、私たちのように、保険営業をしている人間にとっても、そうした工夫は必要になります。長年仕事をしていると、日々増えていくお客さまに対して、対面でのフォローをしていくことは物理的に限界が来るからです。

そのため、すっかりご無沙汰してしまったお客さまに対して、電話をする前に「こんなに連絡をしていなくて、相手は自分のことをどう思っているんだろう？」と不安になることが私にもあります。

実際にお会いしてみると、それは杞憂であることが多いのですが、要するに《心配》という《メンタルブロック》が妄想を生み、自らギクシャクした会話を作ってしまうわけですね。

では、そうならないための工夫にはどのようなものがあるのでしょうか。営業プロセスの中で一番難しい【アポ取り】の場面について考えてみることにしましょう。

例えば、私の仲間に、誰かにお会いしたら必ずお礼のハガキを出す人がいます。書かれている文章は短いものですが、心温まる言葉で感謝の気持ちが綴られています。そのため、相手は一度しか会っていなくても、彼のことが強く印象に残るのです。

また、お客さまと長期的に良い関係を維持している人たちは、定期的に手紙やメルマガ、SNSを配信し続けています。お客さまはこうしたセールスパーソンの近況報告を随時見ているので、久しぶりに会ってもそう感じないのかもしれません。

とはいっても、やはりご無沙汰のお客さまにビジネスの話で連絡をするときは勇気が要ります。

そんなときは、【アポ取り前のワンクッション】がおススメです。

やり方は簡単。アポ取りの電話をする前に、一度ハガキを送っておくのです。内容は「お会いしたいですね。近々連絡します」です。そうすることで、自分のメンタルブロックが外れ、ビクビクしないで話せますし、お客さまの側でも待つ姿勢になってくださいます。

◉連絡が取れたときに効果的なワンフレーズ

次は、連絡が取れたあとに何を話すかという問題です。

最近はフェイスブックやブログ等で自分の近況を公開している方が多いですね。ネットで繋がりを持ち、対面でのコミュニケーションにも活用できます。

例えば、私はお客さまにいつもこんな言葉をかけています。

「フェイスブック、いつも見ていますよ。○○なのですね」

「ブログ、楽しみにしていますよ。ご活躍ですね」

こうした情報がなければ「最近、○○（仕事や趣味など）はどうですか？」等と、ズバリを聞いてしまうのも良い手です。そこから話を広げていけます。

また「（お子さんの）○○ちゃん、今は○歳ですね。以前お会いしたときはあんなに小さかったのに月日が経つのは早いですね」「お母さま、お元気ですか？」と、本人が大切にしている人の話もよいでしょう。これらに込められた共通のメッセージは、『いつも、あなたを気にしていましたよ』です。

ただし、気をつけなければいけないのは、いくら情報を仕入れても、過去に一度でも深いレベルでコミュニケーションを取ったことのある仲でなければ、会話のすべてが上滑りしてしまうことです。

Let's Try!!

- □ お客さまへ出すハガキには、心温まる言葉で感謝の気持ちを綴ろう。
- □ ご無沙汰しているお客さまへのアポ取りでは、その前にハガキを送っておこう。
- □ 「いつも、あなたを気にしていましたよ」という気持ちを伝えよう。

Lesson 29

YES AND話法で深まる信頼

◉その場をうまく説得しても〝しこり〟が残ったら信頼関係は築けない

「アドバイスがほしい」と営業成績が伸び悩んでいる後輩女性に相談されたときの出来事です。私が何かを言うたびに、彼女は、「確かにそうですね。でも、○○だと思うんです」と、片っ端から反論してくるので、辟易してしまいました。

いわゆる「YES BUT法（そうですね。ですが…）」をあからさまに使って自分の主張を押し通そうとするのです。

私は『彼女の成績が伸び悩んでいる理由は、これかもしれない』と思いました。きっとお客さまとの会話でも、こんな調子なのかもしれません。

説得のテクニックとして知られる「YES BUT法」とは、思い切り悪くいえば、《お客さまの話を聞いているフリをしつつ、自分の描いた思いどおりのゴールに持っていくための手法》です。彼女は、この手法を使って他人をコントロールしようとするあまり、本当はそこにある《お客さまの気持ち》を、ないがしろにしていることに気づいていないのです。

それがどんなに正論であっても、あとから「なんだかうまく説得されちゃったな」と、嫌な気持ちになったり、しこりが残ってしまったら、その後の信頼関係は長く続きません。

とはいえ「YES BUT法」のすべてが悪いわけではありません。相手をコントロールするためのテクニックとして使うのではなく、相手の気持ちを尊重して話していく中で、結果的に「YES BUT法」になるのでしたら、それは自然な流れです。

◉「YES BUT」から「YES AND」へ

私は、営業の場面に限らず、コミュニケーションに必要なのは「YES BUT」ではなく、「YES AND」ではないかと考えています。私がイメージする「YES AND」とは、例えばこんな会話です。

先日、ある中小企業の経営者との商談中のこと。話をしていて元気がない感じを受けたので、「何か引っかかっていることがあるのでは？」とお聞きしました。

すると、その社長は「新規事業のことでいろいろあってね……」とおっしゃいました。信頼している知人に新規事業のアイデアを話したところ、即座にピシャ

り と否定されたうえに、失敗するであろう理由を一方的に並べられたのだそうです。

「ＹＥＳ ＢＵＴ」ならぬ「ＢＵＴ」だけの会話ですね。

その社長は「批判の内容は想定内だった。自分でも弱点はわかっている。ただ、議論にもならなかったことが残念でね」とおっしゃっていました。

そんなふうにモヤモヤしている最中に、私にも相談をしてくださったのです。

そのアイデア自体は面白いものの、足りない部分があるかなと私も思いました。しかし、ご本人も事業計画の弱点はおわかりになっています。

そこで私は、私に期待されている役割を考えて、「ＹＥＳ ＡＮＤ」でこんなことを申し上げました。

「よいですね！　特に○○な点がよいです。そして○○さんのこんな想いがいっぱい詰まっていますよね。そこに○○をつけ加えたら、さらによくなる気がします」

社長さんは「それはよいね。そんな視点があったんだ！　いろいろな角度から慎重に検討してみるよ。ありがとう」と喜んでくださり、そこからさらに話が発展していきました。

お客さまからさまざまな要望や不安要素が出てきたときに、最初から否定する「ＢＵＴ」ではなく、また、肯定しているフリをして実は否定する「ＹＥＳ　ＢＵＴ」でもなく、最初から最後まで相手の想いを受容して、さらに「ＹＥＳ　ＡＮＤ」で拡げていく——。私が理想としているのは、こうしたコミュニケーションです。

ただし、それもケースバイケースであることを忘れてはいけません。「ＹＥＳ　ＡＮＤ」は、悩んでいる相手と一緒に迷走しやすいリスクもはらんでいますから、限られた時間の中で結論を出さなければいけないときや、相手が「導いてほしい」と感じているときには、こちらである程度の着地点を考えておくことも必要です。

つまり、形式にとらわれることなく、対話をする中で相手の価値観を見つけ出し、自分の想定した着地点に固執せずに柔軟な対応ができることが大切なのです。

Let's Try!!

□ ロープレでは相手をコントロールするための「YES BUT法」を疑おう。
□ 会話の中ではできるだけ「YES AND」を意識してみてみよう。
□ 「YES AND」だけではなく、自分の話法の引き出しを増やそう。

Lesson 30

お客さまの想いがわかる4つの質問

◉思い込みで自分が話す内容を決めつけない

ある日、ランチをしようと喫茶店に入った午後1時頃、携帯電話が鳴りました。電話の相手は、個人保険をメインに活動してきた保険営業5年目の女性です。

その内容は、「今から2時間後に中小企業の社長に初商談するが、何を話して良いのかがわからない。知識がないから説明もできない。何を持っていけば良いのか教えてほしい」という相談でした。

相手の社長は昔の知り合いで、その後事業に成功して優良企業の社長になっていらっしゃるそうです。10年ぶりに再会し、しかも先方は「現在の保険内容を見てほしい」と言ってくれている――。

私は、その会社の業務内容を尋ねたうえで、ケースごとのバリエーションを丁寧に教えてあげたのですが、電話の向こうから聞こえるのは、彼女のため息です。

そこで私はこう続けました。

「あなたは、今私から聞いた《話の輪郭》だけで社長さんに説明しようと思ってる？　これは、あくまで予備知識として知っておいたほうがいいだけで、今日は説明しなくてもいいですよ。逆に説明はしないで欲しい。10年ぶりに会う方なんだから、まずは再会の喜びを分かち合って《お互いの10年》を話したいよね。きっと相手はそう思っているし、あなたもそうでしょ？」

うなずきながらも、彼女はこう考えていました。せっかくのチャンスなのに、ただの世間話で次につながらなかったらどうしよう……と。

「パンフレットは何冊か持っていったほうがいいですよね？」

「いいけれど、カバンに入れておくだけでいい。相手がよほど欲していない限り、出さなくていいよ。説明も、きちんとできないなら、しないほうがいい」

彼女は、電話の向こうでキョトンとしているようです。そこで、私は今日、お客さまから聴いてくるべき事をいくつか挙げました。

①社長の想い

社長さん個人（人間）に興味を持って、事業にかける想いや家族への想い、仲間への想いなど、その人が何を大切にしているのか？　を聴いてくる。

②将来のビジョン

目指しているのは何か？　どんなふうになりたいのか？　どんな夢があるの

か？　といった将来のビジョンを聴いてくる。

③困っていること

社長さんが今どんな事に困っているのか？　将来、困りそうな事は何か？　原因はわかっているのか？　といった問題を聴いてくる。

④心配なこと

前の質問に関連するが、社長さんにどんな心配事があるのか？　どうして心配なのか？　などを聴いてくる。

このような質問をし、想いを共有していくと、《社長さんにとって何が必要なのか》が見えてきます。必要なものがわかれば、次回までにそれをきちんと調べていけばいいだけです。

◉セールスパーソンが提示すべきは《お客さまの求めているもの》である

一方、知識や経験に自信がないセールスパーソンほど、お客さまのニーズがつかめないまま初期段階での説明に熱心になり、商品比較や数字を使っての説得に頼りがちになります。多くの場合、お客さまはその説明を受け入れません。そこに心がないからです。

まずはお客さまの想いを聴いて、お客さまを理解していけば、話は自然に「そうなるためにはどうしたらいい？」という流れになるのですから、そのときに初めて詳しい説明をすればいいのです。

たとえ現状で知識が少なくても、お客さまにとって必要な知識をピンポイントで仕入れたうえで的確に話していけば、お客さまの役に立てるし、とても喜んでもらえます。

お客さまの想いを知り、生の声に答えて（応えて）いくわけですから、この一連の流れは、勉強では得られない貴重な経験となります。この経験が積み重なると、それが自信になり、セールスパーソンの実力になるのです。

Let's Try!!

□ ロープレでは、右の４つの質問を組み込んで、想いを聴く練習をしよう。

□ お客さまの思いを知り、ピンポイントでその期待に応えることを考えよう。

□ 狭い範囲の知識・情報の提供なら新人にもできる。お客さまに喜んでもらおう。

第5章

クロージングの本当の意味

Lesson 31

〝契約を決めなきゃいけない病〟を克服する

◉「クロージング」をめぐる勘違い

「最近、クロージングがうまくいかないのです。全然決まらないので、また次もダメなんじゃないかって、自信がなくなってきました」

これは、ある後輩の話です。数ヵ月前に会ったときには「営業が面白くなってきた」と話してくれたのに、つい先日、悲痛な面持ちで相談してきました。

彼はもともと営業センスも良く、きちんとしたプロセスで、お客さまに信頼されるコンサルティングをしています。しかし、そんな彼は「クロージングが苦手」だと言います。断られると、その先どうしたらいいのかがわからなくなるのだそうです。

「実は自分も同じ」という方は、多いかもしれません。クロージングに苦手意識を持っている人は意外に多く、驚くことにそれを「しない」という人もたくさんいるのです。

苦手な理由のほとんどは「断りが怖いから」――。

クロージングで決まらなくても、ここまでお時間をいただき検討していただいたことに感謝して、必ず御礼の言葉を告げましょう。

ちなみに、インターネットで「クロージング」の意味を調べてみると、「商談締結」「売買取引を完了させること」「相手に結論を迫ること、その行為」――などの定義が出てきます。これらの言葉だけをみると、ちょっと尻込みしてしまいますね。

しかし、この考え方だと「クロージング＝商談締結」ということになってしまいます。

クロージングが苦手な人は〝決めなきゃいけない病〟に囚われているので、気が重くなり、焦ります。その結果、当初の想い（志）とは裏腹に、押しつけがましい売り方やお願い営業に走ったり、逆に、何もしない（できない）ようになったりするのでしょう。

●視点を変えてみると違う世界が見えてくる

では、そんなときには、どうしたらよいのでしょうか？　《物事の捉え方などの思考のクセを意識的に変えてみる》ことをおすすめします。

そうやって今までと違う見方ができるようになると、自分の心が楽になります。

心が楽になると、相手を受け入れて理解しようという余裕も生まれてくるので

クロージングで契約をいただけないときは、①怖がらずにスケジュールの確認、②タイミングの確認、③再度クロージングの日付を決めるというように動いてみましょう。

す。

具体的にいうと、クロージングの定義を「商談締結」ではなく、「完了」「閉幕」「オープニング〜クロージング」というように捉えると、それは単純に「商談＝お客さまとの一つの物語を一旦終わらせるためにする行為」となります。

その名のとおり「クローズさせる」のであれば、必ずしも「今買う。今から始める」という結論にはならないので、セールスパーソンの気持ちも楽になるというわけです。

Let's Try!!

□「（契約を）決めてもらわなきゃいけない」という思い込みを変えよう。
□クロージングを「商談締結」ではなく、「一旦終わらせるためにする行為」と考えよう。
□定義を変えてみると、終わり方によってその後どんな展開ができそうか、考えてみよう。

Lesson 32

〝今は契約しない人〟との関係づくり

◉セールスパーソンがきちんとクロージングすべき理由

レッスン31では、クロージングの定義を捉え直す話をしましたが、もちろん、それはクロージングをしなくてもよいという話ではありません。

なぜなら、お客さまの立場になってみると、セールスパーソンが「必ずクロージングまで展開」しないと、「今は買わない」という選択すらできないからです。

クロージングをせずに何となくフェードアウトしてしまったお客さまとは、良い関係は続けられません。

例えば、先ほど例に出した私の後輩は、クロージングの際に、「ＹＥＳ」の返事しか想定していないので、お客さまからそれ以外の答え（「ＮＯ」）が出てきたときに対応できないのです。彼女は考え方に幅がなく、一つの答えに固執するあまり、一生懸命になった分だけ毎回ムダに傷ついていました。

成約せずに商談をクローズしたときには、こうすればいいのです。

まずは、お客さまが「今は買わない」という選択をした事実だけを受け入れます。その際は、決して自分が否定されたわけではないので、評価や判断をしないことが大事です。

次に、なぜその選択をしたのかを冷静に聞きます。ここでお客さまの本音が出ることも多く、たくさんのヒントをもらえるはずです。

◉「今は買わない」というお客さまは、近い将来の顧客になる可能性が高い

何がボトルネックになっているのかがわかったら、そこからもう一度クロージングになるかもしれません。「もし、〇〇だったら買うんだけどなあ」といった要望が出てくることもあります。あるいは、お客さまの本当の気持ちに自分が納得できて、あきらめがつくかもしれませんね。

でも、それはお客さまにとってのタイミングが《今ではなかっただけ》なので、もし可能であれば、次のタイミングをつくればよいのです。率直に、今後どのような関わりをさせていただくのかを相談してみるのもいいと思います。

「今は買わない」という選択をされたお客さまと、今後どのような関係でつながっていくのかは、とても重要です。どんな形であれニーズが顕在化しているので、近い将来の顧客になる可能性が高いからです。

いずれにしても、セールスパーソンにとって、『今日は決める！』と、強いプラスイメージを持ってクロージングをすることはとても大切ですが、「クロージング」の意味を「ＹＥＳ」をもらうだけのためだと思っていたとしたら辛いと思いますよ。自分も、そしてお客さまも…。

Let's Try!!

- □ 必ずクロージングして白黒つけてから次の見込みに向かおう。
- □ 自分も、お客さまも辛くなるクロージングは止めよう。
- □ お客さまに断られたら、その理由をきちんと聞こう。

Lesson 33

“安心して断れる場”を用意する

◉「営業は断りから始まる」と言われる理由

先日、長年のお客さまから食事に誘っていただいたのですが、お互いの予定が合わず、何度も断ることになってしまい、申し訳ないような、何とも気まずい思いをしました。皆さんも、そんな経験はありませんか？

誘われたからといってすべてOKしていたら身体がいくつあっても足りませんし、ぜひ行きたいと思っていても、どうしても外せない用事があって行けないこともあります。「断る」って実はすごいエネルギーが必要なんですよね。

そのお客さまは、複数の候補日はもちろん、2ヵ月先の日程まで出してくださったのですが、それでも私にはどうしても変更できない用事が入っていました。こうなると、相手から『行きたくないから断っているのでは』と誤解されないように、そして、相手を傷つけないように断ることにとても神経を使います。

このお客さまは、ありがたいことに私の言い分を素直に受け取ってくださったので、その後も日程を調整し続けて無事にお会いすることができました。しかし、世の中には一度でも断るともう誘ってこない人がいます。誘いを受ける側にしてみたら、そのときはたまたまダメだっただけなのに、です。

そんな場合は、ちょっと申し訳なかったなと思いつつも、釈然としない感じが残ります。そして、『それくらいのことでもう声をかけてもらえないのなら、相手にとってもそれくらいのことだったのだろうな』と勝手に解釈するわけです。

ここで断る理由をいくつかのパターンに整理してみましょう。

①行きたくても断らざるをえないとき
先約がある、予定が重なっているなど物理的に無理なケースです。この場合、正当な理由があるので断りやすいです。

②本当は行きたくないとき
この場合は、他に予定がなくても行きたくないので、①よりも断りづらくなります。

③どちらでもいいのだけれど強く誘われなかったとき
行っても行かなくてもいいのだけれど、熱心に誘われなかったので、そのときの気分で何となく断った……というケースもあります。

④断るほうが傷ついているとき

遊びの誘いではないのですが、断るほうもまた傷ついていることを改めて教えられたケースがありました。

少し前のこと。お客さまからメールで《生命保険を解約したい旨の連絡》をいただいたのです。家族ぐるみでおつき合いしていたお客さまだったので驚きましたが、きっと何か事情があるのだろうと思い、すぐに返事をしました。その文面は、メールをくださったことへのお礼と「必要であれば明日にでもうかがって手続きをしますし、私で助けになれることがあればお手伝いします」と一言添えたものです。

メールを送信すると、すぐにその方から電話がかかってきました。

泣いていました。ここには書きませんが、ご同情すべき理由がありました。そして、解約したら私との縁が切れてしまうのではないか……と、連絡をするまでに1週間も夫婦で悩んだことも話してくれました。

◉相手の判断をいったんフラットな気持ちで受け止めると本音を話してくれる

誰かから断りを受けるとき、こちらに伝わってくるのは表面的な言葉だけです。その言葉の背景に、どんな想いがあったかまではわかりません。

だから、そんなときには、相手の下した選択について評価や判断をせずに、まずはいったん受け入れてみると、相手は安心して本音を明かしてくれます。よく「営業は断りから始まる」と言われますが、これはそういうことなのです。

セールスパーソンの中には、断りが怖いという方がいます。

しかし、こうして自分が断るときのことを考えてみると、こちらが誘って断られたとき、すべてが拒絶なのではなく『相手にも事情があるかもしれない』と思えます。そして、その事情は相手に聴いてみないとわからないのですから、こちらが心を開いて、安心して話せる場を用意してあげる――。私は、それを心がけているつもりです。

もっとも、そういう場をつくることで一番安心できるのは、実は何をかくそう自分自身なんですけれどね。

Let's Try!!

□ 断るほうもエネルギーが要る。安心して断ることのできる場をつくろう。

□ お客さまの下した選択について評価や判断をせずに、いったん受け入れてみよう。

□ 「営業は断りから始まる」という言葉の意味を同僚と話し合ってみよう。

Lesson 34

重要事項説明も工夫次第で楽しくできる

◉重要事項説明がつまらないセールスパーソンは、他の説明もつまらない

自分がお客さまの立場になってみると、改めて気づくことがあります。

例えば、「重要事項説明は、やらなければいけないことだし、元々面白くないものだから、つまらなくても仕方がない」と思っていませんか?

しかし、セールスパーソンの心がけや、やり方次第で、重要事項説明は、苦痛な時間にも楽しい時間にもなります。

というよりも、重要事項は単なる確認作業ではないし、「重要事項説明はつまらなくても仕方ない」と考えているセールスパーソンは、他のすべての説明もつまらないはずです。なぜなら、生命保険の説明自体が面白いものではないからです。今回は、意外と気づいていないこの部分を、皆さんと一緒に考えていきたいと思います。

私は以前、二つの会社から不動産を購入した経験があります。どちらも購入時に、重要事項に関する長～い説明を聞いたのですが、A社で説明を聞いたときは

長くて苦痛だったのに、B社のときは笑いもあって、あっという間に終わりました。所要時間はほぼ同じだったのに、です。

では、その違いは、どこにあるのだろう?――というのが、今回のテーマです。B社と契約を交わしたときのシチュエーションを順番に列挙してみます。

B社の営業担当者は、場の雰囲気作りをしてから説明を始めました。

- 途中で、お茶からコーヒーに飲み物を変えて、気分転換をしてくれました。
- 書類のしかるべき場所には付箋が貼ってあり、サインする場所には鉛筆で○印が付けてありました。
- 説明の中にも笑いがありました。
- こちらが疲れてきた頃に「あとはこれとこれだけですよ」と終了時間をさりげなく教えてくれました。

不動産の売買契約の経験がある方はおわかりだと思いますが、とにかく書類が多くて説明が長丁場になります。

このとき、売主さんは業者の方だったので、鉛筆で○印が付いてあるのは、慣れてない買主(私)の書類だけでした。

私は、営業の立場でも観察していたので、その細やかな気遣いに感動すら覚え、お手本にしたいと思いました。契約よりもセールスパーソンの動きを目で追っていました（笑）。

A社のセールスパーソンは、重要事項説明をゴールの後だと思って安心してダラダラと話してしまったので、受け手側の私を飽きさせてしまいました。

反対に、B社のセールスパーソンは、契約のクライマックスと捉え、飽きさせない工夫を随所に散りばめながら、最後まで気持ちよく契約させてくれました。

とても簡単なことですが、この捉え方の違いが、その後の行動を変えているのではないかと思います。

実は私自身も、この事実に気づいてから、重要事項説明のやり方がハッキリ変わったのです。

Let's Try!!

- □ 重要事項説明の位置づけを同僚と話し合ってみよう。
- □ 重要項目説明は契約というゴールの後ではなく、《契約のクライマックス》だと捉えよう。
- □ お客さまを飽きさせない工夫を考えてみよう。

Lesson 35

重要事項説明を面白くするひと言

◉重要事項説明の前に、場の空気を変えるのがポイント

そもそも、私がなぜ重要事項説明の話を書こうと思ったかというと、初対面の人から「重要事項説明を聞かされるのは本当につまらないね」という感想をいただいたからです。たしかに、セールスパーソン側が「やらなければいけないから仕方なく」という雰囲気では、お客さまが楽しいわけがありません。

でも、考え方を変えてみると、義務的にやらなければいけないことが増えたのは、逆にチャンスとも言えます。

お客さまにとって、「ダラダラと話されたらつまらない」というのは、すべてのアプローチに通じることであって、なにも重要事項説明に限ったことではありません。逆に言えば、一番つまらなくなりそうな重要事項説明を面白く話せる人は、どんな話をしても面白いのです！

仲間内でそんなことを話していたら、ある人から「説明の時に、笑いを入れたり、面白い話をするテクニックなんて持っていませんよ」と言われました。う～

ん、わかってないですね……。

ここで言う《面白い話》というのは、笑わせたり楽しませたりすることだけではありません。

先ほどの例は、不動産売買でした。ほとんどの場合、不動産は買うことが決定してから日にちを決めて、決済の日を迎えます。しかし、生命保険の場合、プレゼン→クロージング→契約を一気に行うこともあり、それだけ時間が長く感じるはずです。

例えば、2時間近い商談の末、「さあ、これから契約」というときに重要事項説明をしなければなりませんから、もしかしたら、お客さまはヘトヘトかもしれません。

私の知人は、相手が疲れているなと思ったら、メリハリをつけるためにわざと「トイレに行ってもいいですか？」と尋ね、「戻ってきたら一番大切なところをお話ししますね」とつけ加えて席を外すことがあるそうです。

敢えてインターバルを取り、「戻ってきたら一番大切なところを〜」と語ることで、相手の興味と集中力を途切れさせないようにしているわけです。

また別の知人は、話の段取りと所要時間を最初に提示しています。

「これからご契約ですが、これとこれ……この書類にサインをいただきます。〇分ほどで終了しますのでよろしくお願いします」

いつまで話が続くのかわからないと、次の予定が気になるし、時間も長く感じるからです。

要するに、気遣いができているかどうか、なのです。

重要事項説明は、《マラソンで42キロメートル近く走ったあとに競技場に戻ってきてからのゴール直前の数百メートル》です。ゴールテープが目前にあり、ここまで来て転んで失敗しないように、最後に一番大事なことをお伝えするのが重要事項説明だと思ったら、気を抜いてはいられないですよね。

◉眠くなる書類の上手な説明方法

ちなみに、重要事項説明の私なりのやり方はこんな感じです。

書類にペンで書き込んだり、マーカーを引くことは、コンプライアンス上できません。かといって、最初から最後までだらだらと説明するのはもってのほかです。

①書類を事前に読み込んで大事な箇所は強調して伝える。

②保険設計書と連結させて、ストーリーを作って話す。
③段取りを先に説明して、構成と終了時間を伝える。
④眠くならないように勢いをつけて話す。

一般的に、つまらない内容の出来事を面白く話すことは不可能です(笑)。でも、お客さまの様子をうかがいながら、途中で笑いを入れたり、息を抜いてあげながら話を進めていけば、内容が面白くなくても全体の話は面白いという結果になるはずです。

突き詰めると、《相手を観る》ことが大事ということですね。①から④までを実践してみてください!

Let's Try!!

□ 重要事項説明を面白いものにする「ひと言」を自分でも考えてみよう。
□ 重要事項説明に移る際は、少しのインターバルを置いてメリハリをつけよう。
□ 長い説明を聞いて疲れているお客さまを気遣おう。

第6章

ロープレの技術よりも大切なこと

Lesson 36

私が車の中で好きな歌を歌う理由

◉朝からハキハキと気持ちよく！

以前、私の勤務先の近くに、あるメガネチェーンのお店がありました。

毎朝、スタッフ全員が店舗からだいぶ離れたところまで掃き掃除をし、それが終わると、大声で挨拶を始めます。

サラリーマンや学生などが足早に通り過ぎていく中、店長の掛け声に続いてスタッフが、「おはようございます！」「いらっしゃいませ！」「ありがとうございました！」と遠くまで聞こえる声で復唱するのです。

こんな光景、見たことある方もいらっしゃると思います。

この話を聞いた大半の方は、『恥ずかしいよ』『やりたくないな』と思われるのではないでしょうか？　当のスタッフの中でも、新人さんなら『なんのためにこんなことを?!』と思っているかもしれません。

しかし、彼らも、担当外のお客さまが帰るときに、下を向いて他の仕事をしていてもサッと顔を上げて「ありがとうございました！」と自然に声を出している自分――に気づいたときに、《普段からしていることは自然に身体が覚えて反応する》という理屈がわかるはずです。私も、朝の挨拶は元気よく声を出すことを心がけています。

なぜなら、声を出すことで気持ちが高揚し、滑舌も良くなるからです。もちろん、周りの人も気持ちいいでしょう。

問題は、朝イチのアポで直行するケース。誰とも話さずに現地に向かうわけですから、車であれば、大声で何曲も好きな歌を叫んでから向かいます。ある意味、これもロープレです(笑)。朝起きて、身体も動かさず、頭も回らず……の状態で、いきなり話をするなんて、おそろしくてできません。

これは自分が失敗しないためでもあるのですが、お客さまの立場で考えても、朝からハキハキと気持ちいい人と会えたら嬉しいですよね。

Let's Try!!

□□□

明るく元気に「おはようございます！」と挨拶しよう。
大きく声を発することで滑舌をよくして午前の商談に向かおう。
「ありがとうございます」を身体に染み込ませよう。

Lesson 37

カウンセリングとコーチングを習う

◉いつでも立ち返ることができるのが「仕事の基本」

私は、手紙を書くのが好きです。

一ヵ月に40～50枚の葉書を出すのですが、「字を基礎から学びたい」と思い、母に習字を習い始めました。私の母は書道の先生なのです。

初めての日、一番に書いたのは「永」という文字でした。そして、先生からは、毎回お稽古の最初に必ずこの「永」を書いてから書き始めることを指示されました。

なぜなら、「永」の字には「永字八法」と言って、書道で使われている技法の8種類がすべて含まれているからです。

これは中国の歴史上有名な書家によって唱えられたことで、「永」を習得することによって、ほとんど全ての漢字（楷書）の、上達に役立つと伝えられています。

そのため、書道の師範クラスでも、壁に当たるとこの「永」を書いて基本に立ち戻るのです。

さて、読者の皆さんは、この話を聞いて何をお感じになりましたか？単なる習字の話として捉えず、ご自分の仕事の基本に重ね合わせてお考えになった方は、ビジネスパーソンとしてのポテンシャルが相当高いと思われます。

すべての物事には、「基本」があります。

どんな分野であろうと、高度なテクニックは基本の組み合わせから成り立っていますし、また、基本がしっかりしている人ほど、動きや行動や考え方にブレが少なく、結果的に安定した成績を出せるのは、スポーツでも仕事でも同じです。

だから、基本（基礎力）をおろそかにしていると、センスがある初心者でもすぐに伸びしろが無くなり、基本を身につけているベテランであっても次第にスランプに陥ってしまうのです。

◉仕事の「基礎力」を鍛え続ける

自分の仕事における「基礎」「基本」について、私は例えば、次の6つを挙げたいと思います。

①話し方、②ヒアリング力、③グリップ力（相手の望んでいること、考えてい

ることを掴む力）、④知識量、⑤クロージング力、⑥自己管理能力の6つです。

もちろん、これはあくまで私個人の価値観ですので、同じでなくても構いません。

ここで皆さんと考えたいのは、基礎力をどのように高めていけばいいのか？です。

鍛え方は人それぞれ。いろいろな方法があると思いますが、例えば、私の同業の知人の例をご紹介します。

彼女は、営業職としてもトップクラスで、今はセールスパーソンを束ねる管理職をしているのですが、以前、近況を尋ねたときには、「話し方教室に通っている」と言っていました。

彼女は、自分で話し方教室の講師ができるほど素晴らしい方なのに、ありあまる経験と実力を得てもなお基本に立ち戻り、基礎力を鍛えて続けているのです。

私はそれを聞いて感心し、反省しました。

そのため、最近の私は、基礎力向上のための時間が増えています。

簡単にご紹介すると、前述6つの基礎力のうち、「話し方」、「ヒアリング力」、「グリップ力」に関しては、「心理カウンセリング」や「コーチング」の講座に通い、後者では国際的な資格も取得しました（今ではプロコーチの仕事もしています）。

まだまだ至らないレベルですが、この二つを学ぶと「傾聴のスキル」が向上し、保険セールスでもお客さまが本当に望んでいること、あるいは、お客さま自身が気づいていらっしゃらない問題を発見するのにとても役立つように感じるようになりました。

これらはセールスパーソンならば必ず役に立つので、自己投資として講座を受けてみることをお勧めします。

Let's Try!!

□□□

自分にとっての「仕事の基本」とは何か。書き出してみよう。

あなたの傾聴力、グリップ力は、今どのくらいのレベルにあると思いますか？

カウンセラーやコーチングのスキルを身につけたときに、あなたの仕事はどう変わりそうですか。

Column

楽しまなければ仕事はうまくいかない

私の息子が５歳だったときの話です。当時､何ヵ月もかけて「足し算と引き算」を教えていたのになかなか理解できなかったのですが、あるとき、４日間で完璧にマスターしてしまったのです。

３泊４日の旅行でのこと。初日に滞在先のホテルで200円のガチャガチャを見つけた息子は、さっそく「やりたい！」と言い出します。

私は「《チャレンジポイント》を10個貯めたらやっていいよ」と言いました。このゲームには《マイナスポイント》もあって、悪いことをしたらマイナスされます。

「野菜を食べたら、チャレンジポイント１だね〜。今何ポイント？」「５ポイント！」

こんなやり取りをしているうちに、息子は４日目で10ポイントを貯め、計算もマスターしてしまいました。

《遊びながら楽しんで学ぶとすぐに覚える。そこにご褒美があると効果絶大！》。私はこの考え方を仕事にも応用しています。

皆さんは仕事を、そして、ロープレを楽しむためにどんな工夫をしていますか？

Lesson 38

セルフプロデュースの本当の意味

◉セールスパーソン役とマネージャー役の一人二役

以前、同業の友人と、「セールスパーソンはセルフプロデュースが必要だよね〜」という話になりました。

私も全くその通りだと思って話を進めていたのですが、どうも話が嚙み合いません。その理由は、お互いに「セルフプロデュース」の定義について、全く違う認識で話していたからでした。

友人の定義はこうです。「相手にしている客層に合わせて、髪型や服装、態度を変えること。相手に印象づけたい自分のイメージを自分で作り上げること」。もちろん、これも大事なことであり、営業の基本です。

しかし、私が思っていたセルフプロデュースの意味は違います。それは、一言で言うと《自己管理》のことです。

例えば、アイドルタレントのプロデュースで考えてみます。友人の考えていた部分は、あくまでもテレビや雑誌に露出するときに必要な《外見や立居振る舞いに関するイメージ戦略》です。しかし、ビジネスにおいて本当に大切なのは、《生活の管理、体調・健康管理、モチベーションの管理、スケジュールの管理、自己研鑽の努力》などの、毎日の生活を含めた基本的な部分です。

アイドルの場合は、マネージャーがそれをしてくれます。自分よりも自分を知っている人間、そして、自分を励まし、厳しく管理してくれる人間が傍についている。しかし、セールスパーソンは基本的に一人なので、マネージャー役も自分でやらなければいけません。

そういったことも全て含めて自分で実行していくのが、私の考えるセルフプロデュースなのです。

Let's Try!!

- □ 営業職員としての「セルフプロデュース」とは何かについて考えてみよう。
- □ ビジネスにおいて本当に大切な「基本」について書き出してみよう。
- □ セルフプロデュースを実践できているか、自己検証してみよう。

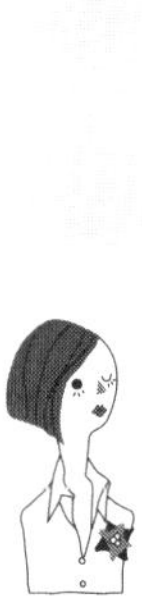

朝、出かける前には、顔の中心あたりにムダ毛などが残っていないか鏡で必ずチェックしましょう。これ、意外と目につくものですよ（笑）。

Lesson 39

お客さまを一人の人間として多面的に見る

◉落ちてはいけない「思い込みの落とし穴」

最近、新しくビジネスを始めた友人がいます。少し前に会ったとき、その友人は、ビジネスパートナーとして選んだ人物を大絶賛していました。「尊敬できる素晴らしい人なんだ！　一緒に仕事ができて幸せだ！」と言うのです。

私は、そんな人と組んで仕事ができるなんて素敵なことだなと思っていました。ところが、その後に再会すると、その友人は、ひどく疲れていました。それだけではありません。よほど不満がたまっているのか、ビジネスパートナーに対する愚痴を言い始めて止まらなくなってしまったのです。

私は友人の豹変ぶりに戸惑いながら、何度もこういうパターンの行動を繰り返す知人たちのことを思い出していました。

他人に対する評価が「絶賛」から「酷評」に転じやすく、それを何度も繰り返す人たちには、ある共通点があります。それは、他人を見るときに「良くも悪くも一つの視点にハマり、その思い込みが真実になってしまっている」ことです。

簡単に言えば、人間には長所もあれば短所もあるし、見る角度によっていろいろな顔があることがわかっていないのです。

もちろん、多かれ少なかれ、それは誰にでもあります。偉そうに書いている私自身も、しょっちゅう「思い込みの落とし穴」に落ちています。

「思い込みの落とし穴」にハマり、一度『あの人は○○だ！』と思い込んでしまうと、そういうふうにしか相手を見られなくなります。

例えば、新しい恋人とつき合い始めたときは相手のことが何もかも素敵に見えたのに、しばらくすると『こんなはずじゃなかった』とガッカリする……。相手の欠点が一度気になり出すと、そればかりが目につくようになり、相手のことがすっかり嫌いになってしまう……。皆さんの周りにも、こういうタイプの人がいませんか？

私たち人間は、いろいろな顔を持ち合わせています。状況や相手によって、見せる（見える）顔は変わります。第一印象は悪かったけれど、つき合ってみたら、とても温かい人間味あふれる人だった、ということもよくありますよね。

◉自分自身を客観視すると相手のことも多面的に見られる

　では、相手の嫌なところ、悪いところばかりが目について離れない――という視点にハマってしまったときには、どうしたらよいでしょうか？

　無理に相手の良いところを探しても、ハマった視点から離れることはできません。一番有効なのは、今の自分の状態に「気づく」ことです。

　ただし、一つの視点にハマっていることに「気づく」のは、容易ではありません。なぜなら、自分の中では、それがゆるぎない真実になっているからです。

　そこで大事なのは「正しい」「間違っている」という評価判断をいったん横に置いて、自分の状態を客観的に見ることです。

　例えば、相手のことを「自分勝手で、デリカシーがなくて、最悪な人！」と思っていたとしたら、『私は今、そう思っている。（まる）』と認めてしまいます。

　この「。」（まる）が重要です。感情を句点で終わらせないと、それに続いて、自分に言い訳を始めてしまうからです。

　まず、今の状態に気づくことができたら、次に「相手とこれからどんな関係になりたいのか？」」という視点を挙げてみます。

　例えば、次の４つです。①尊敬・あこがれ、②自分勝手で嫌なヤツ！　③強さも弱さもある一人の人間、④ビジネスパートナー。

相手の欠点を探すのをやめて、どういった視点で相手との関係をつくっていきたいのかということを、自分に問うてみるわけです。

ちなみに、冒頭で紹介した友人は「自分勝手なところもあるけれど、尊敬できる人だし、これからもっと教わりたいことがたくさんある。何より、これからも一緒に仕事をしていきたい」と③の視点を選びました。そのうえで、お互いに思い込んでいることについてきちんと相手と向き合って話し合うことを決めたそうです。

プライベートにおいてはもちろんのこと、仕事においても、目の前にいるお客さまを一つの視点にとらわれることなく、多面的な一人の人間として、まるごと受け止めることができたら素敵ですよね。私自身も、お客さまの人生に寄り添うコンサルタントでありたいと思っています。

Let's Try!!

□ 相手の欠点を探すのをやめよう。
□ 相手の一面だけを見て評価をしないよう気をつけよう。
□ その相手とどんな関係をつくっていきたいのか、自分自身に聞いてみよう。

Lesson 40

そこに〝人の心〟がある限り

◉仕事は心理面が80％、技術が20％

私が本書でお伝えたかったことは、表面的なトークの技術ではありません。その根底にある人の「心」や「気持ち」です。

そして、これらは私自身も含めて、ある程度仕事ができる人ほど実は忘れてしまいがちなことなのです。

人が動く原動力は「気持ち」でしかありません。

仕事に関しても、「心理面が80％、技術が20％」、私はそう思っています。

営業や接客業を職業としている方々は、「お客さまの気持ちを考えなさい」「お客さまが一番」と教育されることが多く、そのような考え方を持たれている方が多く見られます。もちろん（！）それも大切です。

でも私は、「自分自身の気持ち」が一番大切と考えます。自分が納得できて、満たされて、想いを持って相手と関わるからこそ心地よいコミュニケーションが取れる――と確信しているからです。

本書をここまでお読みいただいた方の中には、「あれ？　ビジネスコミュニケーションは《お客さまが主役》じゃなかったの？」と疑問に思った方もいらっしゃると思います。

確かに、そのフレーズは何度も使いましたが、自分の気持ちが安定しているからこそ相手をしっかり見ることができるのです。

ですから、ここでいう「気持ちが大事」というのは、自分の気持ちと相手の気持ちの両方であり、どちらか一方が欠けてもいけない表裏一体のものと言えます。

例えば、レッスン25の「努力してモテている人はセールスもうまい」では、相手への気遣いがテーマでしたが、実はそうすることによって相手が喜んでくれる、すなわち、自分が気持ち良いのです。

また、レッスン7の「世間話は〝目の前にあるもの〟を題材にする」では、相手を知るための方法を考えました。ここでも「なぜ相手を知りたいのか？」をまず考えることが重要です。それが自分の気持ちの部分だからです。

こうして振り返ってみると、私が書いていることは方法論ですが、実はその根底には「気持ち」が必ずあるのです。

私は長年、保険営業をしてまいりましたが、保険を売ってきたとは思っていません。お客さまの心を扱ってきたと思っています。
そして、そのためには、まず自分の気持ちが大事なのです。

Let's Try!!

- □ 表面的なトークのスキルではなく、自分自身の「心」や「気持ち」を磨こう。
- □ 「相手の気持ち」を考える前に、自分自身の「心」や「気持ち」を整えよう。
- □ 「保険を売る」ではなく、「お客さまの心を扱う」といった気持ちで仕事をしていこう。

Column

お歳暮での大失敗

数年前のことです。毎年、お歳暮を贈っている会社の社長さんからメールがあり、「結構なものを頂戴し、ありがとうございました。でもね……藤島さん、不味かった（笑）」と書いてありました。驚いて電話をすると、社長さんは笑いながら、「ごめんね。他の人なら言わないけど、藤島さん好きだからさ……。他のお客さんに贈ってない？」と心配までしてくださいました。

すぐに同じものを買って食べてみたら、そのとおり、パサパサであまり美味しくありませんでした（涙）。

再びお詫びの電話をすると、社長さんは優しくこんな助言をしてくれたのです。

「僕はね、他人に何かを贈るときは、自分が食べて美味しいと思うものを贈るようにしているんだよ」

私は恥ずかしくて顔から火が出そうでした。振り返ってみると、お歳暮を贈ること自体が目的になってしまい、《感謝の気持ちを形にする》というお歳暮本来の目的を忘れていたのです。言いにくいことを伝えてくださり、贈り物の本当の意味を思い出させてくださった社長さんに、私はとても感謝しているのです。

2004年には、厚生年金保険料の引き上げ開始。翌年には、国民年金保険料の引き上げが始まりました。

2009年は５年毎の財政検証の年で、新聞テレビなどで多く年金問題がとりあげられました。

2014年には「年金は100年安心」と厚生労働省が発表しましたが、これは年金の積立金の運用利回りを2.9～4.0％と高く仮定した場合の話だそうです。

この先良い方向に向かうのは難しそうですよね。（だまる）……そうですね。難しいですよね。


年金財政検証は、５年に一度。これから、100年程度の間行われる予定です。
○○さんが65歳になるまでにあと何回、検証、改正がありますか？
（考えてもらう）

少子高齢化などの理由によりご自身の将来のために、みなさん私的年金のご準備を始めていらっしゃるんですよ。それでは、シミュレーションを見てください。

スクリプト例❶

年金提案前のおさらい＆前提話法

本日は、お時間を頂きまして有難うございます。先日、お話ししました年金のシミュレーションをお持ちしました。お話しする前に、ちょっとおさらいさせてくださいね。

前回、65歳から基礎年金と厚生年金を合わせて、年間215万円、月にすると約17.9万円もらえますというお話しをさせていただきましたね。覚えていらっしゃいますか？

ありがとうございます。ただこれは今のところのお話なんです。実は、（男性）昭和36年４月２日（女性）昭和41年４月２日以降生まれの方は、今後どのような方向に向かうのか、まだわからないんですよ。

少子高齢化ってご存知ですか？　……そうですね。

今は、私たち3.3人が集まって１人の老人を支えています。
この計算をもとにして出したのがこちらの17.9万円になるんですね。
ただ、10年たつと２人で１人、私たちがもらう頃の2055年頃には1.3人で１人を支えるようになると予想されています。そう考えると年金制度を維持するのって難しいですよね。（だまる）……そうですよね。

そこで、年金制度改正が行われているんですね。

1994年に、国民年金は60歳支給が65歳に。
2000年には、厚生年金は60歳から65歳に。

い上に介護費用もかかってしまいますので、お金が多く必要になります。

具体的な年金額の計算をしてみます。おおまかに計算しますと、
重い障害者である１級に認定されますと、(条件を満たして入れば)
79万9300円＋約○万円×1.25＋子の加算22万4300円×人数＋妻の加算22万4300円
合計＿＿＿＿万円
２級ですと、79万9300円＋約○万円＋子の加算22万4300円×人数＋妻の加算22万4300円
合計＿＿＿＿万円
３級ですと、国民年金は貰えなくなるため厚生年金部分の約○万円のみとなり
合計＿＿＿＿万円

一番重い１級でも、月々にすると約＿＿＿＿万円なんですね。○○さま、収入がなくなって月々＿＿＿＿万円で生活するってどうですか？　……そうですね。

生命保険の基本的な考え方なんですが……、
今、○○さまは収入があり、生活したり夢をかなえる費用がイコールになっているはずです。
それが、死亡、介護、病気、けが等、様々な原因により収入がなくなってしまった時に……、
国から公的年金が入りますが、今までと同じように生活する為には足りない部分が出てきます。
その足りない部分を補うのが生命保険の基本の考え方なんです。個人で私的補填するということです。

このように、公的年金は老後だけでなく……、
支払っている間（20歳～60歳）は、国の補償がある事はご理解頂けましたか？
ちなみに、私共は将来の収支シミュレーションが出来るライフプランを皆さまにお作りしております。
社会保障の仕組みや、公的年金の額などが詳しくわかる、○○さまのオリジナルを作成して参りますのでご参考になさって下さい。

ライフプランはお客さまの家族状況や年齢・考え方などによって人それぞれ違います。
○○さまに、沿ったものが作成できますので、いくつかお聞かせください。

（アポをとる。）

スクリプト例❷

遺族・障害年金を使った話法

こんにちは、本日はお時間をいただきありがとうございます。

本日は、公的年金保険料を支払っている間に万一のことが起き、亡くなってしまった場合にご遺族に年金が支払われる年金の話です。○○さま、遺族年金についてご存じですか？

では、いくら貰えると思いますか？
○○さまは今＿＿＿歳ですよね？
今、○○さまに万一のことが起きますと、
国民年金は（条件を満たしていれば）年77万9300円
厚生年金は（条件を満たしていれば）年○万円の４分の３

ちなみにお子さまは何人でしょうか？
お子さまひとりあたり（条件を満たしていれば）年22万4300円
３人目からは、（条件を満たしていれば）年７万4800円の加算となります。

このお金は、お子さまが18歳の年度末まで貰えますので、
合計で＿＿＿円になりますね。月額ですと＿＿＿円貰えます。

ただ、これですと、やはり足りないと感じませんか？
将来の事や、学費・生活費のことを考えると不安を感じますよね。
月々いくらあったら安心だと思いますか？

希望生活費＿＿＿万円　－　遺族年金額＿＿＿万円　では、月々＿＿＿万円足りないですね。
年間ですと、＿＿＿万円足りません。
これからの年数を考慮すると、＿＿＿年間で＿＿＿万円にもなります。

この不足金額を、皆さん生命保険などで準備していらっしゃるんですね。

ところで、○○さま。働けなくなってしまった時の事を考えたことありますか？

公的年金には、遺族年金だけでなく（条件を満たして入れば）生きていても貰える年金もあるんです。

それは、事故や病気などで障害状態や介護状態になってしまったときに貰える年金です。

介護状態のほうが、単純に亡くなってしまった場合よりお金がかかりますので、貰える金額は多くなります。

○○さま、どうして介護状態のほうがお金がかかると思いますか？

そうですね。介護状態の場合は普段の生活費やローン等の支払いも継続しなければならな

【注】

YES　　　　→申込手続き
NO、考える→タイミング的にはいつ頃がよいですか？
　　　　　　気に入っていただいた点はどこですか？
　　　　　　ネックな点はどこですか？
　　　　　　（提案内容に戻り、おさらい）
　　　　　　↓
　　　　　　ネックな点、ご要望などを聞いて次回アポ

スクリプト例❸

お手続きの流れを使った話法(クロージング)

こちらが、お手続きの流れになります。

生命保険は、申込、診査または告知、入金、この三つが済んで初めて責任開始となります。

①例えば、本日（○月○日書き込む）お申込をなさった場合…

②・診査は、健康診断書のコピーを提出して頂ければ、告知だけですみます（○月○日書き込む)。過去１年半以内の健康診断書をお持ちですか？

・告知ですので診査はありません。本日終了します（○月○日書き込む)

・面接または医師の診査となりますので、後日～だいたいいつ頃くらいまでにして頂きます。(○月○日書き込む)

③ご入金は（○月○日書き込む）最初の１回分だけをキャッシュカードの残高から落としていただくか、クレジットカードとなります。ポイントを貯めているカードなどありますか？

どちらが宜しいですか？

こちらは、○月分を頂くことになりますので、次回の引き落としは○月○日からとなります。

この方向で宜しいですか？

おわりに

最後までお読みいただき、ありがとうございました。

いかがでしたか？　やってみようと思ったレッスンはありましたか？　ご自分なりのヒントが見つかりましたか？　もし、見つかったなら、小さな一歩で構いませんので、ぜひ行動に移してみてください。


ところで、今どのような気分でしょうか？

『え？　今までやってきたことと違う！』と、モヤモヤしている方がいらっしゃったら、ぜひ試してみてください。モヤモヤは宝物、それは新しい発見につながるからです。試して確かめて、ご自分なりの答えを探してください。

もし、今ワクワクしている方がいらっしゃったなら、幸せはすぐそこです。なぜなら、ワクワクは幸せのもとだからです。


本書は、「ロープレ」というシンプルなテーマだからこそ、どう掘り下げて伝えていくかについて、何度もミーティングを重ねながら作り上げました。私自身、現役だった頃のエピソードを繋げながら、まるで保険会社の拠点にいるような気持ちになって、みんなで成長したい！とワクワクしながら、幸せな気分でまとめました。

最初は書き溜めていたコラムを繋ぎ合わせるだけだと思っていたこの本は、熱く妥協を許さない（!?）編集者さんが好奇心いっぱいで関わってくださったおかげで、アイデアがどんどん出てきて、まったく新しいものに生まれ変わりました。

仕事とは、何をするかも大事ですが、誰とやるかはもっと大事です。私が目指しているのは、拠点や組織の中で、本音でディスカッションをしながら共に成長できる世界です。保険営業の仕事はひとりではできません。自分一人で戦っているのではなく、仲間の力を借りて一緒に成長していく。だから営業の仕事は面白い！　自分の人生を豊かにしてくれるものです。

楽しくて嬉しくて、誰もが「幸せ」な世界を、仲間と共に作り続けてください！

最後に、本書を上梓するにあたり直接的にサポートしてくださった方々にこの場を借りて感謝の気持ちをお伝えしたいと思います。近代セールス社の会田圭さん、ディレクター兼ライターの津田秀晴さん、住友生命時代に実践で切磋琢磨してくれた仲間たち、関わってくださったすべてのお客さま、研修でリアルなフィードバックをくださる受講生の皆さま、ビジネスパートナーの林真衣子さん、誰ひとり欠けても本書は世に出ませんでした。

そして、仕事が大好きな私を理解し、大きな愛で支えてくれる両親に〝ありがとう〟を！

私の活力の源、最愛の息子涼介には〝スペシャルハグ〟を！

2018年12月

藤島　幸恵

著者紹介

藤島幸恵（ふじしま・さちえ）

Cocoro Sales LAB. 代表　http://cocoro-sales.com

1990年、住友生命保険相互会社入社。在籍中はプレーヤーとして常にトップクラスの成績を上げ続け、社内表彰多数、MDRT複数回入賞。1993年から2005年まで、プレイングマネージャーとして100名以上の営業職員の採用・育成に関わる。この間、メンバーの仕事の質を上げるため、様々なメソッドや教材を開発。

2017年夏、より多くのセールスパーソンの教育に心で関わりたいという思いがとめられず独立。「アポの５原則®」「紹介メソッド」を現在まで約4,000名に伝える。コーチングのスキルをベースに、やり方とあり方を腑に落としていく実践ありきの研修には定評がある。自身も生損保営業に携わりながら“営業現場に一番近い講師”として活動中。

資格：米国CTI認定プロコーチ（CPCC）／米国NLP協会認定プラクティショナー／日本メンタルヘルス協会　基礎心理カウンセラー／しつもん財団認定　しつもんコンサルタント

著書：『誰も教えてくれなかった営業の超基本！「アポの５原則」』（ぱる出版）
　　＊電子書籍版は東洋経済新報社より発刊

ロープレの基本　新人を優績者に変える“40”のレッスン

2019年１月17日　初版発行

筆者	藤島　幸恵
発行者	楠　真一郎
発行所	株式会社近代セールス社 http://www.kindai-sales.co.jp/ 〒164－8640　東京都中野区中央１－13－９ 電話　03－3366－5701　FAX　03－3366－2706
印刷・製本	株式会社アド・ティーエフ
表紙・カバーデザイン	倉若　志信（株式会社アド・ティーエフ）
写真撮影	上田　修司
本文イラスト	木野本　由美
編　集	津田　秀晴
編集補助	会田　圭

ISBN 978-4-7650-2128-9 C2033